Büro-Spicker

Office Management

Dr. Rahild Neuburger

Compact Verlag

Bisher sind in dieser Reihe erschienen:

Business English
Englisch Konversation
Englisch Korrespondenz
Englisch telefonieren
Fremdwörter
Knigge für den Beruf
Konferenzen und Meetings
Konfliktmanagement
Kreativitätstechniken
Marketing Grundwissen
Mitarbeiter richtig führen
Mobbing
Office Management
Projektmanagement
Selbstmanagement
Verkaufspsychologie
Zeitmanagement

Chefredaktion: Dr. Angela Sendlinger
Redaktion: Anke Fischer
Produktion: Wolfram Friedrich
Titelabbildung: Mauritius GmbH
Typografischer Entwurf: Axel Ganguin
Umschlaggestaltung: Axel Ganguin

ISBN 978-3-8174-7594-0
7175943

Besuchen Sie uns im Internet: www.compactverlag.de

Inhalt

Vorwort

Die Reihe Büro-Spicker richtet sich an alle, die ihre eigenen Kenntnisse verbessern und im Beruf weiterkommen wollen. Die praktischen Ratgeber bieten schnelle und kompetente Hilfe zu allen berufsrelevanten Themen.

Beruflicher Erfolg hängt ganz wesentlich davon ab, wie es gelingt, die Fülle an täglich anfallenden Aufgaben souverän in den Griff zu bekommen. Hierfür sind Techniken des Zeit- und Projektmanagements ebenso gefragt wie die Fähigkeit, Aufgaben zu klassifizieren sowie Ziele und Prioritäten zu setzen. Nicht zuletzt entscheidet ein geordnetes Arbeitsumfeld zusammen mit einer professionellen Ablagetechnik darüber, ob man regelmäßig in Stress gerät oder auch in turbulenten Zeiten stets den Überblick bewahrt.

Dieser moderne Ratgeber beantwortet alle Fragen rund um das Thema „Office Management". Er bietet eine optimale Hilfestellung für alle, die ihren Büro-Alltag perfekt organisieren möchten.

1. Aufgaben, Ziele und Prioritäten festlegen

Unter Office Management versteht man die Kunst, mithilfe bestimmter Techniken die tägliche Büro-Arbeit möglichst effizient zu erledigen. *Effizienz* meint in diesem Zusammenhang die Tatsache, in einer bestimmten Zeit möglichst viele Aufgaben abzuwickeln oder für eine bestimmte Anzahl und Art von Aufgaben möglichst wenig Zeit zu benötigen.

Effizientes Arbeiten ist aber nur dann möglich, wenn bekannt ist, welche Aufgaben anstehen, wie wichtig diese Aufgaben sind und welche Ziele damit verfolgt werden. Denn man kann auch effizient an unwichtigen Aufgaben arbeiten und dabei wertvolle Zeit für die Bewältigung wirklich wichtiger Aufgaben vergeuden. Anders ausgedrückt: Ein Autofahrer möchte von München nach Regensburg fahren, versäumt die Abzweigung und fährt weiter nach Nürnberg. Diese Strecke kann er durchaus sehr effizient (hohe Geschwindigkeit und möglichst wenig Pausen) zurücklegen, sein ursprüngliches Ziel – Regensburg – verfehlt er aber trotzdem.

Noch deutlicher wird diese Problematik an dem folgenden Beispiel: In einer Werbeagentur steht eine wichtige Kundenpräsentation an. Die Folien hierfür müssen bis zum Abend erstellt werden. Frau Nico kümmert sich jedoch zunächst um die Ablage und arbeitet diese – wie immer – effizient auf. Vor dem Hintergrund der bestehenden Prioritäten wäre es jedoch sinnvoller gewesen, sich zunächst mit der Erstellung der Folien zu beschäftigen, denn die Vorbereitung einer unmittelbar anstehenden Präsentation vor dem Kunden ist im Normalfall wichtiger als die Aufarbeitung der Ablage.

Neben der Effizienz spielt daher auch die Effektivität eine maßgebliche Rolle. *Effektivität* bedeutet, sich auf das Wesentliche und Wichtige zu konzentrieren und sich im Vorfeld zu überlegen, welche Ziele im Unternehmen und am Arbeitsplatz verfolgt werden und welche Aufgaben vor diesem Hintergrund am wichtigsten sind.

Hätte Frau Nico dies bedacht, dann wäre ihr sicher sehr schnell klar geworden, dass die Erstellung der Folien für die Kundenpräsentation wichtiger ist als die Durchführung der Ablage. Aus diesem Grund geht es im ersten Kapitel zunächst um Methoden und Hilfsmittel, mit denen man

- existierende Aufgaben, Ziele und Erwartungen analysieren und
- Prioritäten setzen kann.

Sind die Prioritäten erst einmal geklärt, lassen sich die in den Folgekapiteln vorgestellten Methoden und Hilfsmittel zur effizienten Umsetzung der verschiedenen Aufgaben von Anfang an zielorientiert einsetzen.

Infobox

Damit Ihnen der Unterschied zwischen Effektivität und Effizienz noch deutlicher wird, führen Sie sich am besten die folgenden beiden Umschreibungen vor Augen: Effektivität wird häufig mit „die richtigen Dinge tun" gleichgesetzt, während Effizienz „die Dinge richtig tun" bedeutet.

1.1 Aufgaben und Erwartungen analysieren

In jedem Büro fällt eine Vielzahl von Aufgaben an. Diese reichen von den täglichen Routinearbeiten wie Telefonieren, Erledigung der Korrespondenz, Besprechungen, Bearbeitung von E-Mails über wichtige Unterstützungsarbeiten wie die Erstellung von Rundbriefen oder Präsentationen bis hin zu projektbezogenen Tätigkeiten wie die Organisation einer Veranstaltung oder die Neugestaltung der Ablage. All diese Aufgaben kann man durchaus bewältigen, nur stellen Sie sich danach vielleicht öfter die Frage, wie es auch diesmal wieder gelungen ist, das Chaos zu bändigen.

Um effizient arbeiten zu können, ist es daher zunächst erforderlich, sich einer kritischen Selbstanalyse zu unterziehen und zu überlegen,

- welche Aufgaben generell anstehen,
- welche Funktionen Sie im Büro ausüben,
- welche Erwartungen an Sie gestellt werden.

Infobox

Verzichtet man auf diese Analyse, wird gerne von der Strategie des „Muddling-through" gesprochen; d. h. man laviert sich durch seinen Aufgabenberg, hat aber keinen Überblick darüber, welche Aufgaben wann angefallen sind und wie diese Aufgaben zielorientiert bewältigt werden können.

Ein Beispiel mag dies verdeutlichen: Typische Aufgaben einer Chefsekretärin sind u. a. Office Management, Reise Management und Informationsmanagement; typische Funktionen sind z. B. Leitung des Backoffices, Gatekeeper und Vertrauensperson; als typische Erwartungen kann man etwa perfekte Organisation und perfektes Management, Einsatzbereitschaft, Selbstständigkeit und Eigenverantwortung nennen.

Sie sollten Ihre Ich-Analyse immer im Hinblick auf diese drei Faktoren – Aufgaben, Funktionen, Erwartungen – durchführen, da sie in einem engen Verhältnis zueinander stehen:

1. Definition der Funktionen: Welche Rolle spiele ich an meinem gegenwärtigen Arbeitsplatz bzw. in meinem gegenwärtigen Aufgabenbereich?

2. Auflistung der Aufgaben: Welche Aufgaben sind den einzelnen Funktionen zuzuordnen? Welche Aufgaben muss ich bei der Ausübung jeder Funktion/Rolle ausführen? Hier sollten alle jeweils anfallenden Aufgaben aufgelistet werden - unabhängig davon, ob diese tatsächlich bewältigt werden oder nicht. Zu der Funktion „Leitung des Backoffices" einer Chefsekretärin gehören z. B. Aufgaben wie Korrespondenz- und Telefonbearbeitung, Terminverwaltung und Dokumentenmanagement - auch wenn die Durchführung einiger dieser Aufgaben im Einzelfall vielleicht vermieden wird.

3. Definition der Erwartungen: Welche Erwartungen werden bei der Ausübung einer bestimmten Funktion bzw. der Bewältigung der zugehörigen Aufgaben an mich gestellt und welche Erwartungen stelle ich selbst an mich?

In der Praxis bietet sich für eine solche Selbstanalyse eine einfache Tabelle an, die folgende Felder umfassen sollte:

Funktion x	Funktion y	Funktion z	Funktion ...
Aufgaben	Aufgaben	Aufgaben	Aufgaben
Erwartg.	Erwartg.	Erwartg.	Erwartg.

Sinnvoll ergänzen lässt sich diese Selbstanalyse, wenn man sich bei den einzelnen Funktionen, Aufgaben und Erwartungen überlegt:

- ob deren Ausübung eher leicht oder schwer fällt,
- welche (Teil-)Aufgaben ein effizientes Arbeiten verhindern,
- worin die Gründe hierfür liegen könnten,
- was man dagegen sinnvoll unternehmen könnte.

Als Beispiel bietet sich wiederum die Chefsekretärin an, zu deren Aufgaben zwar die Ablage gehört, die sich aber mit dem existierenden System nicht anfreunden kann und somit die Ablage höchst unwillig und ineffizient durchführt. Merkt sie es im Rahmen einer derartigen Selbstanalyse, kann sie sich überlegen, ob es nicht die Möglichkeit gibt, das Ablagesystem zu ändern.

Auf einen Blick

Effizientes Arbeiten ist erst dann möglich, wenn bekannt ist, welche Ziele innerhalb des Aufgabenbereichs verfolgt werden und welche Wichtigkeit die einzelnen Aufgaben besitzen. Um dies erkennen und Prioritäten setzen zu können, ist im Rahmen einer Selbstanalyse zunächst zu definieren,

- → welche Funktionen ausgeübt werden,
- → welche Aufgaben bei der Ausübung dieser Funktionen anfallen,
- → welche Erwartungen bei der Ausübung dieser Funktionen an Sie gestellt werden.

1.2 Ziele definieren

„Wer den Hafen nicht kennt, in den er segeln will, für den ist kein Wind günstig." Mit diesen Worten postulierte bereits vor ca. 2000 Jahren der römische Philosoph Seneca die Planung von Zielen, ohne die auch heute kaum jemand auskommt. Dies gilt für das Management ganzer Unternehmen in gleicher Weise wie für das Management eines einzelnen Geschäftsbereichs, einer Abteilung oder eines Büros.

Für ein erfolgreiches und effizientes Office Management sind Ziele eine wesentliche Voraussetzung, denn sie helfen Ihnen dabei, sich auf die wichtigen Tätigkeiten zu konzentrieren. Existieren keine Ziele, fehlt die Orientierung bei der Auswahl und Priorisierung der Aufgaben und Aktivitäten. Ziele helfen auch, Fortschritte wahrzunehmen bzw. zu erkennen, dass keine Fortschritte erfolgen, um dann zu überlegen, woran dies liegen könnte: an den Tätigkeiten selbst, an der Auswahl der Ziele oder vielleicht an zu hoch gesteckten Erwartungen.

Besteht z. B. das Ziel einer Sachbearbeiterin im Vertriebsbereich darin, hereinkommende E-Mails mit Anfragen und Bestellungen von Kunden möglichst zeitnah zu bearbeiten, wird sie die Bearbeitung von E-Mails als wichtige Aufgabe definieren und sich darauf konzentrieren. Gelingt ihr dies nicht, kann es z. B. daran liegen, dass sie zu viele andere Aufgaben hat oder dass sie die Erwartungen an sich zu hoch gesteckt hat, sodass eine zeitnahe Bearbeitung kaum möglich ist.

Ziele werden entweder selbst bestimmt – wie in dem Beispiel der Sachbearbeiterin – oder extern vorgegeben. Im zweiten Fall wird derselben Sachbearbeiterin das Ziel der zeitnahen E-Mail-Bearbeitung beispielsweise von der Unternehmensführung vorgegeben.

Unabhängig davon, ob es sich um selbst bestimmte oder extern vorgegebene Ziele handelt, können folgende Tipps bei der Formulierung dieser Ziele eine wichtige Hilfestellung geben:

Ziele müssen schriftlich festgehalten werden, damit Sie besser erkennen können, was erreicht und verändert werden soll. Auch werden Sie Ihre Ziele dann ernster nehmen, als wenn Sie sie nur im Kopf überdenken.

Infobox

Erstellen Sie für Ihr Arbeitsfeld eine Art „Leitbild", in dem Sie die wichtigsten Ziele für sich und andere verdeutlichen.

Ziele müssen immer ganz konkret formuliert werden, damit man genau weiß, was zu tun ist und motivierter an die Umsetzung geht. Wenn Sie beispielsweise lediglich formulieren: „Ich möchte die anstehende Korrespondenz schneller bearbeiten", wissen Sie nicht so genau, wie das umzusetzen ist. Formulieren Sie stattdessen: „Ich werde jeden Brief innerhalb von zwei Tagen bearbeiten", dann haben Sie sich ein konkretes Ziel gesteckt.

Ziele müssen mit Terminen versehen werden. Nehmen Sie sich lediglich vor, etwas zu erledigen, wenn Sie einmal Zeit haben, wird sich diese Realisierung immer weiter verzögern. Ein typisches Beispiel hierfür ist die Ablage. Nehmen Sie sich eher unverbindlich vor, sich gelegentlich um die Ablage zu kümmern, werden Sie es kaum innerhalb eines angemessenen Zeitraums schaffen. Nehmen Sie sich stattdessen vor, die Ablage des Vormonats jeweils am 5. des Folgemonats zu erledigen, werden Sie Ihr Ziel eher verwirklichen können.

Ziele müssen zu Ihnen, Ihrer Arbeitsweise und Ihrem Aufgabengebiet passen. Ziele, die lediglich formuliert werden, weil es gerade üblich ist oder der Kollege bzw. die Kollegin ähnliche Ziele verfolgt, werden selten konkret erreicht. Wenn Sie z. B. wissen, dass Sie jeden Morgen mit Ihrem Chef zunächst die wichtigsten anstehenden Punkte besprechen müssen, hat es wenig Sinn, sich vorzunehmen, bei Arbeitsbeginn erst einmal die anfallende Korrespondenz zu erledigen – nur weil dieses Ziel Ihre Kollegin aus der Nachbarabteilung verfolgt.

Neue Ziele müssen mit Ihren übrigen Zielen vereinbar sein, um nicht zu Interessenskonflikten zu führen. Ziele können etwa zeitlich kollidieren. Wenn Sie z. B. jeden Monat die Umsatzsteuervoranmeldung bis zum 10. fertig haben müssen, hat es wenig Sinn, die Ablage des Vormonats ebenfalls in diesem Zeitraum einzuplanen.

Ziele müssen flexibel und anpassbar sein, wenn sich die Situation unvorhergesehenermaßen ändert. Wichtig ist, dass Sie offen sind für Veränderungen! An der Realisierung des Ziels einer möglichst zeitnahen Korrespondenzbearbeitung kann man nicht stur festhalten, wenn ein wichtiges Meeting ansteht und Sie Ihren Chef bei der Vorbereitung unterstützen müssen.

Infobox

Nehmen Sie sich nicht zu viel vor! Der oft selbst gesetzte Zwang, zu viele Ziele auf einmal erreichen zu müssen, kann frustrierend wirken und letztlich zu einem ineffizienten Arbeiten führen!

Ziele müssen erreichbar sein. Stellen Sie bei der Formulierung Ihrer Ziele die ehrliche Frage: Ist das Ziel für mich erreichbar? Nur wenn die Ziele innerhalb der eigenen persönlichen und zeitlichen Möglichkeiten liegen, sind sie realisierbar. Zu hoch gesteckte Ziele führen häufig zu Entmutigung. Wenn Sie z. B. bisher kein Wort Italienisch sprechen, werden Sie nicht innerhalb von wenigen Wochen diverse Kundenbriefe aus Italien beantworten können.

Auf einen Blick

- → Ergänzen Sie Ihre individuellen Aufzeichnungen hinsichtlich Funktion, Aufgaben und Erwartungen um den Aspekt der Ziele und beachten Sie dabei Folgendes:
  Ziele helfen Ihnen, sich auf das Wesentliche zu konzentrieren.
- → Überlegen Sie sich Ziele, die zu Ihnen und Ihrem Arbeitsbereich passen, mit anderen Zielen vereinbar und v. a. erreichbar sind.
- → Formulieren Sie Ihre Ziele schriftlich sowie möglichst konkret und setzen Sie sich Termine.
- → Nehmen Sie sich nicht zu viele Ziele gleichzeitig vor.

1.3 Prioritäten setzen

Sind Funktionen, Aufgaben, Erwartungen und Ziele analysiert, sollten die Prioritäten bestimmt werden, denn Aufgaben und Tätigkeiten können wichtig oder unwichtig sein. Häufig neigen wir dazu, uns zunächst mit den unwichtigen Aufgaben auseinander zu setzen und die wichtigen hintanzustellen. So stürzen sich in vielen Büros die Mitarbeiter auf die Post oder auf weniger wichtige Besprechungen und betreiben für deren Erledigung einen hohen zeitlichen Aufwand. Dagegen werden wichtige Aufgaben aufgeschoben. Häufig wird auch jede Form der Ablenkung – seien es Gespräche mit Kollegen, Telefonate oder die Durchsicht von Fachzeitschriften – gerne angenommen, da man sich dabei sehr beschäftigt fühlt und problematische Aufgabenstellungen noch nicht anzugehen braucht. Am Ende des Tages hat man zwar viel gearbeitet, aber nicht unbedingt viel geleistet, denn die wichtigen, zielführenden Vorgänge wurden zu Gunsten mehr oder weniger dringender Routinetätigkeiten vernachlässigt.

Ähnlich hat Frau Nico aus dem obigen Beispiel gehandelt, die sich zunächst nicht mit der wichtigen Aufgabe – der Erstellung der Folien –, sondern mit der Ablage beschäftigte. Gehen Sie nach dem hier erkennbaren Prinzip „das Naheliegende zuerst" vor, verlieren Sie häufig wertvolle Zeit. Sinnvoller ist es, sich immer wieder neu zu überlegen, welche Aufgabe am wichtigsten ist, um sich ihr dann vorrangig zu widmen.

Das Prinzip „das Wichtigste zuerst" funktioniert jedoch nur, wenn die zugrunde liegenden Aufgaben und Ziele analysiert worden sind und auf dieser Basis Prioritäten gesetzt werden.

Auf die Analyse von Aufgaben und Zielen wurde zu Anfang des Kapitels bereits ausführlich eingegangen; bei der Setzung von Prioritäten können nun folgende Methoden helfen:

- das Pareto-Prinzip
- die ABC-Analyse
- das Eisenhower-Prinzip

Das Pareto-Prinzip

Das Pareto-Prinzip sagt aus, dass innerhalb einer gegebenen Gruppe (z. B. eine Reihe von Aufgaben) die wichtigen Teile (z. B. einzelne Aufgaben) normalerweise einen relativ kleinen Anteil an der Gesamtmenge ausmachen. Hierfür gibt es in der Praxis verschiedenste Beispiele:

- Viele Unternehmen machen mit 20 % ihrer Kunden 80 % des Umsatzes.
- Für 80 % der Entscheidungen sind oft lediglich 20 % der abgehaltenen Sitzungen erforderlich.
- 20 % der Unterlagen, die man liest, liefern 80 % der notwendigen Informationen.

Infobox

Das Pareto-Prinzip wurde Ende des 19. Jh.s von dem italienischen Volkswirt und Soziologen Vilfredo Pareto formuliert. Er fand heraus, dass 20 % der Bevölkerung über 80 % des Grundbesitzes verfügen.

Bezogen auf die Arbeitszeit und die in ihr zu bewältigenden Aufgaben, bedeutet das Pareto-Prinzip Folgendes:

- In 20 % unserer Arbeitszeit erreichen wir oft 80 % der Ergebnisse, während wir in 80 % unserer Arbeitszeit lediglich 20 % der Ergebnisse erzielen.
- Bereits 20 % der Aufgaben verhelfen uns häufig zu 80 % des Erfolges, während 80 % unserer Aufgaben lediglich 20 % des Erfolges ausmachen.

Daher sollte man zuerst die wenigen wichtigen Aufgaben (= 20 %) bearbeiten (= „das Wichtigste zuerst"), bevor man sich den nebensächlichen, häufig unwichtigen, schnell zu erledigenden und am nächsten liegenden Aufgaben (= 80 %) zuwendet (= „das Naheliegende zuerst").

Die ABC-Analyse

Welche Aufgaben sind nun aber wichtig und welche sind weniger wichtig? Hierauf gibt die ABC-Analyse eine Antwort. Sie stuft alle zu erledigenden Aufgaben nach ihrer Bedeutung in drei Kategorien ein:

> Infobox
>
> **In der Praxis zeigt sich immer wieder: A-Aufgaben machen etwa 15 % der gesamten zu erledigenden Aufgaben aus, erfüllen jedoch ca. 65 % der Zielsetzungen.**

A-Aufgaben bringen den größten Nutzen und sind für das Erreichen der Ziele am wichtigsten. Sie lassen sich kaum an andere delegieren und sollten mit der höchsten Priorität bearbeitet werden – am besten zu den Zeiten, zu denen man am leistungsfähigsten ist. Typische Beispiele sind die Beantwortung wichtiger Briefe, die Verwaltung der Termine, die Vorbereitung einer Präsentation etc.

Infobox

Hier zeigt sich immer wieder, dass B-Aufgaben ca. 20 % der gesamten Aufgaben ausmachen und ca. 20 % der Zielsetzungen erfüllen.

B-Aufgaben sind Aufgaben mit einer mittleren Bedeutung für das Erreichen der Ziele. Sie lassen sich häufig delegieren, dürfen aber nicht vernachlässigt werden, da sie oft die Basis für A-Aufgaben darstellen. Häufig sind es Routinetätigkeiten, die sich wiederholen und durch geeignete organisatorische und technische Systeme effizient und zeitsparend unterstützt werden können. Typische Beispiele sind die Erfassung von Belegen als Vorbereitung für die monatliche Umsatzsteueranmeldung oder das Einholen von Zug- und Flugverbindungen als Basis für die Organisation der anfallenden Reisen.

C-Aufgaben sind Aufgaben, die eine sehr geringe Bedeutung für die langfristigen Ziele haben. Typische Beispiele sind Routinetätigkeiten wie die Bearbeitung von

E-Mails, Internet-Recherchen, die Erledigung von Telefonaten oder die Ablage.

Häufig machen diese Aufgaben am meisten Spaß, erfordern die geringste Einarbeitungszeit und sind daher am beliebtesten. Aber man sollte sich immer vor Augen halten: C-Aufgaben machen zwar etwa 65 % der gesamten Aufgaben aus, sind aber nur zu 15 % zielführend.

Infobox

Ursprünglich kommt die ABC-Analyse aus dem Einkauf. Hier wurde festgestellt, dass nur 20 % der Menge an gelagerten Gütern 60 % des Lagerwerts ausmachen. Die Unterteilung in A-, B- und C-Gütern hilft, unterschiedliche Einkaufsstrategien anzuwenden und somit Kosten einzusparen.

Für das Office Management sollte eine weitere Kategorie hinzugefügt werden: die D-Aufgaben. Diese lassen sich meistens ersatzlos streichen. Ein typisches Beispiel ist die Durchsicht von solchen Fachzeitschriften, die im Bezug auf die bearbeiteten Themen nicht erforderlich ist, oft aber persönlich interessiert.

Die Klassifizierung der zu erledigenden Aufgaben in A-, B-, C- und D-Aufgaben stellt eine wichtige Hilfe bei der Planung und Strukturierung der Zeit sowie der Arbeitsblöcke dar. Hierauf wird in den Kapiteln 3 und 4 zurückzukommen sein. Wie lässt sich die ABC-Analyse nun aber konkret anwenden?

1. Nehmen Sie Ihre Tabelle (vgl. Kap. 1.1, S. 10) mit den analysierten Aufgaben, Funktionen und Erwartungen zur Hand!

2. Ordnen Sie diese Aufgaben den Kategorien A, B, C und D zu!

3. Identifizieren Sie die A-Aufgaben über die folgende Frage: Mit welchen Aufgaben lassen sich die wichtigsten der definierten Ziele erreichen?

4. Identifizieren Sie die B-Aufgaben mit der folgenden Frage: Welche Aufgaben sind für die Erledigung der A-Aufgaben wichtig?

5. Identifizieren Sie die C-Aufgaben folgendermaßen: Bei welchen Aufgaben handelt es sich um Routinetätigkeiten?

6. Identifizieren Sie schließlich die D-Aufgaben über die folgende Frage: Welche Aufgaben sind vor dem Hintergrund der gesteckten Ziele nicht erforderlich?

7. Versuchen Sie dann, die D-Aufgaben aus Ihrem Zeit- und Arbeitsplan zu eliminieren!

8. Planen Sie nun die konkrete Erledigung der Aufgaben, wie Sie es in den Kapiteln 3 und 4 noch näher kennen lernen werden: A-Aufgaben kommen immer zuerst an die Reihe und sollten mit einem relativ hohen zeitlichen Aufwand bearbeitet werden. Weniger Zeit wird für B- und C-Aufgaben eingeplant.

Infobox

Ideal ist es natürlich, wenn man sich den A-Aufgaben dann zuwenden kann, wenn man am meisten Ruhe hat, am leistungsfähigsten ist und „Zeitfresser" aller Art ausschalten kann. Beispiele sind morgens von 8.00 Uhr bis 10.00 Uhr oder am späten Nachmittag.

Das Eisenhower-Prinzip

Die Unterscheidung in wichtige und unwichtige Aufgaben gelingt vielen Menschen. Dennoch ist es nur wenigen möglich, sich wirklich auf die wichtigen Aufgaben zu konzentrieren. Woran aber liegt das? Es gibt eine einfache Erklärung: Neben der Unterscheidung in „wichtig" und „unwichtig" existiert ein zweites Kriterium, das für sämtliche Aufgaben gilt: „dringend" und „nicht dringend". Meistens werden die *dringenden* Aufgaben erledigt, unabhängig davon, ob es sich um *wichtige* oder *unwichtige* handelt. Da sie dringend sind, meint man oft, sie müssten sofort angegangen werden und alles andere – egal wie wichtig – kann warten.

Typisches Beispiel: Frau Nico, unsere Sachbearbeiterin in der Werbeagentur, soll sich um die Erstellung der Kundenpräsentation kümmern (= wichtige Aufgabe); ein Kollege ruft an und bittet sie um Hilfe bei der Beantwortung der E-Mail eines unzufriedenen Kunden, die innerhalb der nächsten Stunde verschickt werden muss (= dringende, aber aus der Sicht von Frau Nico nicht unbedingt wichtige Aufgabe). Zur Unterscheidung in Dringlichkeit einerseits und Wichtigkeit andererseits bietet das Eisenhower-Prinzip eine Entscheidungshilfe. Es klassifiziert jede Aufgabe nach Wichtigkeit und Dringlichkeit und teilt ebenfalls in A-, B-, C- und D-Aufgaben ein:

Infobox

Die Eisenhower-Matrix basiert übrigens auf einem Ausspruch des früheren amerikanischen Präsidenten Eisenhower: „Dringende Angelegenheiten sind selten wichtig, wichtige Angelegenheiten selten dringend."

Nach dieser so genannten Eisenhower-Matrix lassen sich folgende vier Aufgabentypen unterscheiden:

1. Aufgaben, die wichtig und dringend sind: Diese Aufgaben müssen sofort erledigt werden. Man kann sie nicht delegieren. Es handelt sich hierbei um *A-Aufgaben.* Typische Beispiele sind die Erstellung von Folien für die Kundenpräsentation am Vorabend oder die Beantwortung der E-Mail eines unzufriedenen Kunden.

2. Aufgaben, die dringend, aber weniger wichtig sind: Bei diesen *C-Aufgaben* handelt es sich um typische Routinetätigkeiten. Sie lassen sich unter Umständen delegieren oder durch eine gute Zeitplanung und -strukturierung (vgl. Kap. 3 und 4) im Aufwand reduzieren. In diese Kategorie fallen aber auch Aufgaben, die in letzter Minute von einem selbst erledigt werden müssen. Typisches Beispiel ist der Einkauf von Keksen für das Meeting mit einem Kunden am Nachmittag durch die Chefsekretärin selbst. Aus ihrer Sicht handelt es sich hierbei zwar um eine dringende, nicht unbedingt aber um eine wichtige Aufgabe.

3. Aufgaben, die nicht dringend, aber wichtig sind. Diese Aufgaben werden meistens aufgeschoben, da sie ja nicht zeitnah erledigt werden müssen. Irgendwann werden sie jedoch dringend und müssen sofort erledigt werden. Um dies zu vermeiden, sollte rechtzeitig geplant werden, wann mit der Abwicklung dieser Aufgaben begonnen wird. In der Sprache der Eisenhower-Matrix handelt es sich hier um *B-Aufgaben*. Typisches Beispiel ist die Organisation einer Veranstaltung, die in 6 Monaten stattfindet. Je früher festgelegt wird, welche Tätigkeiten anfallen und je eher mit den Vorarbeiten begonnen wird, desto leichter ist zu vermeiden, dass sich die

Organisation der Veranstaltung zu einer dringenden Aufgabe entwickelt und zu unnötigem Stress führt.

4. Aufgaben, die weder wichtig noch dringend sind: Diese Aufgaben sollten am besten gar nicht erledigt, sondern gleich ersatzlos gestrichen werden. Es handelt sich hier um typische *D-Aufgaben*. Beispiele sind die Durchsicht nicht mehr aktueller Zeitungsartikel oder nicht zielführende Umräumaktionen.

Die Anwendung der ABC-Analyse und/oder der Eisenhower-Matrix hilft, zu erkennen, welche der zuvor analysierten Aufgaben vor dem Hintergrund der definierten Ziele tatsächlich wichtig sind und auf welche man sich daher konzentrieren sollte, um die Ziele zu erreichen und die Erwartungen zu erfüllen.

Man erfährt auch, welche Aufgaben möglicherweise vernachlässigt oder delegiert werden können und wie die Zeit für die Abwicklung der einzelnen Aufgaben eingeteilt werden sollte. So wird z. B. mitunter geraten, dass man täglich jeweils ca. 2–2,5 Stunden für die Erledigung von A-, B- bzw. C-Aufgaben einplanen soll.

Durch die Priorisierung der Aufgaben ist ein erster wichtiger Schritt für ein effizientes und effektives Office Management und damit auch für ein effizientes und effektives Arbeiten getan!

Auf einen Blick

- ➜ Seien Sie sich bewusst, dass Sie mit vergleichsweise wenig Zeiteinsatz einen Großteil Ihrer zielführenden Aufgaben erledigen können!
- ➜ Klassifizieren Sie Ihre Aufgaben nach der zugrunde liegenden Wichtigkeit in A-, B-, C- und D-Aufgaben!
- ➜ Ordnen Sie Ihre Aufgaben nach der zugrunde liegenden Dringlichkeit in die Eisenhower-Matrix ein und bestimmen Sie Ihre individuellen A-, B-, C- und D-Aufgaben!
- ➜ Planen Sie täglich Zeit für die Erledigung Ihrer A- und B-Aufgaben ein! Vermeiden Sie dadurch, dass B-Aufgaben zu A-Aufgaben werden.
- ➜ Prioritäten setzen ist das Eine, sich daran halten, das Andere: Behalten Sie bei dem Management des Arbeitsumfeldes, dem Management der Arbeit, dem Management der Zeit und dem Management der Informationen Ihre Prioritäten stets im Blick!
- ➜ Denken Sie daran: Nichts verhilft Ihnen mehr zu Ihrem Erfolg und zum Erreichen Ihrer Ziele als das Arbeiten nach Ihren Prioritäten.

2. Das Arbeitsumfeld managen

Durch die Klassifikation der Aufgaben in A-, B-, C- und D-Aufgaben gelingt es, eine Art „Brille" aufzusetzen, mit deren Hilfe ein effizientes und effektives Arbeiten möglich ist. Damit dies wirklich Tag für Tag gelingt, ist jedoch noch eine weitere Voraussetzung erforderlich: die effiziente Organisation des Arbeitsumfeldes. Hierzu zählen:

- der Arbeitsplatz, d. h. Schreibtisch, Schubladen, Regale, Schränke etc.
- die Ablage bzw. das Dokumentenmanagement
- der PC bzw. das Notebook

Durch die zielorientierte Organisation des so definierten Arbeitsumfeldes erspart man sich eine Menge Unannehmlichkeiten und kann sich auf das Wesentliche des Arbeitsprozesses konzentrieren.

Es lassen sich etwa erhebliche Suchzeiten einsparen, die zu Ärger und schlechter Stimmung führen können. Ein typisches Beispiel ist die langwierige Suche nach bestimmten Unterlagen, weil das Ablagesystem nicht einheitlich geregelt ist, oder das Wühlen in endlosen Papierbergen auf dem Schreibtisch.

Durch ein geordnetes Arbeitsumfeld verbleibt deutlich mehr Energie für die wirklich wichtigen Aufgaben. Findet man sofort die Unterlagen, kann man sich auf deren Bearbeitung als die eigentliche Aufgabe im Job konzentrieren.

Schließlich werden bei der Organisation des Arbeitsumfeldes Regeln festgelegt, die die tägliche Arbeit erleichtern. Steht zweifelsfrei fest, in welche Ordner welche Dokumente abgelegt werden, finden sich diese Dokumente schnell wieder. Auch Ihre Urlaubsvertretung hat weniger Schwierigkeiten, bei Nachfragen schnell und sachkundig zu reagieren, weil sie nicht erst den gesamten Ordner nach einem bestimmten Dokument durchforsten muss.

Infobox

Ordnung ist das halbe Leben – für das Office Management gilt dieser Spruch uneingeschränkt! Denn ist es nicht ärgerlich, wertvolle Lebenszeit mit der Suche nach Dokumenten oder Dateien zu verbringen und in der Folge vielleicht auch noch Überstunden machen zu müssen.

Um das Arbeitsumfeld gut zu organisieren und effizient zu gestalten, sind zwei Schritte erforderlich, die in den nächsten beiden Abschnitten ausführlich erläutert werden: 1. Aufräumen, 2. Neu organisieren. Aufräumen bedeutet dabei nicht die Neuanordnung vorhandener Gegenstände, sondern Platz schaffen für einen organisatorischen Neuanfang durch Ablegen, Wegwerfen und Auslagern.

2.1 Aufräumen

Das Aufräumen betrifft insbesondere das direkte Arbeitsumfeld, d. h. Schreibtisch mit Schubladen, Regale, Schränke etc. sowie eventuell auch den PC bzw. das Notebook. Bevor eine Neuorganisation möglich ist, sollte man sich die Zeit nehmen, die bestehenden Strukturen aufzubrechen und einmal gründlich aufzuräumen.

Infobox

Definieren Sie die Neuorganisation Ihres Arbeitsumfeldes als wichtige Aufgabe und planen Sie einen kompletten Aufräumtag ein! An diesem Tag sollten Sie sich nichts anderes vornehmen.

Eine wichtige Hilfestellung kann dabei wiederum die Eisenhower-Matrix leisten (vgl. Kap. 1.3), indem Sie sämtliche Vorgänge, Unterlagen, Papiere und Ordner den vier gezeigten Kategorien *wichtig und nicht dringend / wichtig und dringend / nicht wichtig und dringend / nicht wichtig und nicht dringend* zuordnen.

Infobox

Markieren Sie auf dem Fußboden Ihres Büros die vier Felder der Eisenhower-Matrix oder stellen Sie vier Kisten auf und ordnen Sie jeden Vorgang, jedes Papier, jede Unterlage und jeden Ordner einem dieser vier Felder bzw. Kisten zu!

Bei der Zuordnung zu den vier Feldern sollten Sie folgendermaßen vorgehen:

Nehmen Sie jedes Papier, jeden Vorgang, jeden Ordner nur einmal zur Hand und überlegen Sie sich genau, in welches Feld er kommt! Behalten Sie bei der Zuordnung zu den vier Feldern immer Ihre Ziele und Prioritäten im Auge! Finden Sie z. B. Unterlagen, die Sie vielleicht persönlich interessiert haben, die aber für Ihre wichtigen Aufgaben keine Relevanz besitzen, dann ordnen Sie diese unbedingt dem D-Feld zu!

Machen Sie sich frei vom schlechten Gewissen, wenn Sie dabei auf Aufgaben stoßen, die wichtig und dringend sind. Ordnen Sie diese Unterlagen zunächst den A-Aufgaben zu! Seien Sie rigoros und entscheiden Sie eindeutig – die Zuordnung an den Zwischenlinien oder zu einem fünften Feld ist nicht zielführend! Sammeln Sie alle Hilfsmittel wie Hefter, Locher, Spitzer, Stifte, Taschenrechner etc. an einer Stelle!

Infobox

Auf fast jedem Schreibtisch finden sich Unterlagen, die abgelegt werden müssen. Ordnen Sie diese Vorgänge dem C-Feld zu. Es handelt sich um (nicht mehr) wichtige Vorgänge, bei denen die Ablage durchaus dringend sein kann, damit die Unterlagen im akuten Fall wiedergefunden werden.

Haben Sie alle Vorgänge, Dokumente und Unterlagen auf die vier Felder verteilt, können Sie die Unterlagen, die Sie dem D-Feld zugeordnet haben, d. h., die vor dem Hintergrund Ihrer Ziele und Prioritäten weder wichtig noch dringend sind, getrost wegwerfen oder ablegen.

A-Vorgänge, die aus Ihrer Sicht besonders wichtig und dringend sind, sollten Sie hingegen sofort erledigen bzw. einen Zeitpunkt festlegen, zu dem Sie sich mit diesen Aufgaben näher beschäftigen. Da es sich um wichtige und dringende Aufgaben handelt, bei denen entscheidende Termine vielleicht schon verstrichen sind, sollte die Bearbeitung möglichst zeitnah eingeplant werden.

Für B-Vorgänge, die aus Ihrer Sicht wichtig, aber (noch) nicht dringend sind, sollten Sie ebenfalls einen Termin festlegen, damit diese Vorgänge später nicht doch noch dringend werden.

Bei C-Vorgängen und Unterlagen, die aus Ihrer Sicht zwar dringend, aber nicht wichtig sind, überlegen Sie am besten, wann Sie diese Vorgänge in der nächsten Zeit möglichst effizient abarbeiten können.

Vermeiden Sie alle Versuche, ein fünftes Feld wie „Sonstiges" oder „Weiß noch nicht" anzulegen, da die Dokumente, die man dort ablegt, über kurz oder lang doch noch einem der anderen vier Felder zugeordnet werden müssen.

Infobox

Sie möchten Ihre D-Vorgänge nicht wegwerfen, weil sie Angst haben, dass Ihr Chef ausgerechnet eine Woche nach dem Aufräumtag genau diese Unterlagen braucht? Trösten Sie sich, fast alle Unterlagen lassen sich erneut beschaffen – sei es aus dem Computer oder im größten Notfall beim Urheber selbst. Sie können die nicht abgelegten D-Unterlagen und -Vorgänge aber auch in eine Kiste legen und diese zunächst in den Keller räumen. Werden die Unterlagen in der nächsten Zeit tatsächlich nicht benötigt, kann die Kiste so, wie sie ist, entsorgt werden.

2.2 Neu organisieren

Sind Schreibtisch, Regale und Schränke aufgeräumt und leer, geht es an die Neuorganisation. Sie betrifft – wie oben schon erwähnt – jedoch nicht nur den Schreibtisch, sondern auch Ablage/Dokumentenmanagement sowie PC/Notebook.

Schreibtisch

Je leerer der Schreibtisch ist, desto effizienter lässt sich arbeiten. Dies zeigen zahlreiche Erfahrungen aus der Praxis! Denn wenn nur diejenigen Vorgänge und Dokumente auf dem Schreibtisch liegen, die für die jeweils zu bearbeitenden Aufgaben erforderlich sind, ist die Gefahr, abzuschweifen oder sich anderen Aufgaben zu widmen, geringer. Einen wirklich leeren Schreibtisch kann man dadurch erreichen, dass man Arbeitsgeräte wie Hefter, Locher, Taschenrechner in den Schubladen verschwinden lässt.

Auf dem Schreibtisch verbleiben nur: ein Eingangskorb für eingehende Vorgänge, Post etc., ein Ausgangskorb für ausgehende oder weiterzuleitende Vorgänge bzw. die Ausgangspost, eine Wiedervorlagemappe und/oder eine Organisationsmappe sowie ein so genanntes „Superbuch" für die Erfassung von Namen, Telefonnummern, Ideen, Aufgaben oder Informationen beim täglichen Arbeiten.

In den Eingangskorb kommen – wie bereits angesprochen – zu bearbeitende Vorgänge, die Eingangspost, wichtige Telefonzettel oder Notizen. In den Ausgangskorb kommen erledigte Aufgaben, Vorgänge, die an andere Kollegen weitergeleitet werden oder Briefe und Dokumente, die verschickt werden sollen. Wiedervorlagemappe bzw. Organisationsmappe enthalten Vorgänge und Projekte, die gegenwärtig bearbeitet werden und immer wieder zur Hand genommen werden müssen.

Typische Beispiele für den Inhalt einer Wiedervorlage- oder Organisationsmappe sind noch nicht abgestimmte Unterlagen für Reisen, noch zu besprechende Vorlagen für eine Präsentation, Unterlagen für eine anstehende Besprechung, die erst in der kommenden Woche erfolgen kann.

Welche Art der Schreibtisch-Ablage für derartige Vorgänge präferiert wird – eine Wiedervorlagemappe oder eine Organisationsmappe – hängt davon ab, ob es sich eher um terminbezogene oder um projektbezogene Tätigkeiten handelt.

Stehen terminbezogene Aktivitäten im Vordergrund, eignet sich eine Wiedervorlagemappe, in die die Vorgänge zu den jeweiligen Terminen eingeordnet werden können. Sollen z. B. am 10.2. wichtige Unterlagen in einem Meeting durchgesprochen werden, müssen diese Unterlagen beim 10. eingeordnet werden.

Infobox

Organisationsmappen eignen sich übrigens auch für die private Ablage. Den einzelnen Fächern lassen sich dann zu bezahlende Rechnungen, Hinweise auf interessante Ausstellungen oder Urlaubsprospekte zuordnen.

Geht es in Ihrem Arbeitsbereich mehr um projekt- und themenbezogene Tätigkeiten, bei denen die Termine nur eine untergeordnete Rolle spielen, eignen sich Organisationsmappen besser. Den einzelnen Fächern können hier die jeweils für ein

Thema, eine Aufgabe oder ein Projekt relevanten Unterlagen zugeordnet werden. So lassen sich z. B. sämtliche Unterlagen, die eine längere Reise oder die Korrespondenz mit einem bestimmten Kunden betreffen, jeweils einem festen Fach zuordnen.

Zusätzlich zu den Eingangs- und Ausgangskörben sowie einer Wiedervorlage- oder Organisationsmappe sollten Sie sich ein so genanntes „Superbuch" anschaffen. Dabei handelt es sich um einen Notizblock, eine Kladde oder ein Heft – ganz nach Ihren eigenen Präferenzen. In dieses „Superbuch" können alle Informationen wie Telefonnummern, Ideen, Gesprächsnotizen, Aufgaben etc. notiert werden, die sonst auf Zettel geschrieben werden und irgendwo auf dem Schreibtisch landen. Durch die Verwendung eines „Superbuchs" lässt sich einerseits die „Zettelwirtschaft" vermeiden und andererseits lassen sich die Informationen schnell wiederfinden.

> Infobox
>
> **Bereits vorhandene Notizzettel können Sie übrigens einfach in das „Superbuch" einkleben und die Informationen stehen Ihnen dann genauso zur Verfügung – ein lästiges und zeitaufwändiges Abschreiben entfällt.**

Auch Frau Nico aus den obigen Beispielen meint ganz sicher zu wissen, dass sie die Telefonnummer des

Kunden auf einen „Klebezettel" geschrieben und an den Bildschirm geheftet hat. Jetzt ist er nicht mehr da. Vermutlich hat er sich beim Staubwischen gelöst. Hätte sie die Telefonnummer hingegen in ihr „Superbuch" geschrieben, hätte sie sie sofort zur Hand gehabt.

Weitere Unterlagen, Dokumente und Aktenordner sollten auf dem Schreibtisch nicht zu finden sein. Arbeitswerkzeuge wie Hefter, Locher, Taschenrechner, Schere etc. haben ihren festen Platz in der ersten oder zweiten Schublade, sodass sie einerseits nicht stören, anderseits bei Bedarf mit einem einzigen Handgriff hervorgeholt werden können.

Auf einen Blick

Bezüglich der Neuorganisation des Schreibtisches lässt sich Folgendes zusammenfassen:

- ➜ Nutzen Sie Eingangs- und Ausgangskorb sowie Wiedervorlage- bzw. Organisationsmappe und verzichten Sie auf weitere Ablage- oder Aufbewahrungssysteme auf Ihrem Schreibtisch.
- ➜ Bewahren Sie Aufgaben und Projekte, mit denen Sie gerade beschäftigt sind, in Ihrer Wiedervorlage- bzw. Organisationsmappe auf und ordnen Sie dazugehörige Unterlagen möglichst zeitnah den entsprechenden Fächern zu.

→ Legen Sie sich ein „Superbuch" an, in das Sie alle anfallenden Informationen notieren.
→ Bewahren Sie Arbeitswerkzeuge wie Locher, Hefter, Klebestreifen, Taschenrechner etc. an einer festen Stelle auf oder verbannen Sie sie in die erste oder zweite Schublade Ihres Schreibtischs, damit sie einerseits nicht stören, andererseits sofort zur Hand sind.

Dokumentenmanagement

Wohin kommen jetzt aber all die Unterlagen und Dokumente, die sich vorher auf dem Schreibtisch gestapelt haben? Parallel zum Aufräumen des Schreibtisches ist es unbedingt erforderlich, ein möglichst gut strukturiertes Ablagesystem zu entwickeln. Hierbei geht es v. a. um folgende Fragestellungen:

- Nach welcher Systematik soll die Ablage erfolgen?
- Mit welchen Hilfsmitteln des Dokumentenmanagements soll die Ablage erfolgen?
- Wann soll die regelmäßige Ablage erfolgen?
- Wie soll die regelmäßige Ablage erfolgen?

1. Ablagesystem: Überlegen Sie sich ein möglichst klar strukturiertes Ablagesystem. Denkbar ist z. B. die Ablage nach Projekten/Aufgaben/Gremien etc., Kunden/Lieferanten/übrige Partner sowie Briefe/Rechnungen.

Rechtsanwälte und Steuerberater haben beispielsweise für jeden Kunden einen eigenen Ordner bzw. eine eigene Mappe und Unternehmensberatungen legen für jedes Projekt einen eigenen Ordner oder eine eigene Mappe an.

Infobox

Vermieden werden sollten Ordner oder Mappen mit der Aufschrift „Allgemeine Korrespondenz", „Sonstiges" oder „Tageskopien". Sie verleiten dazu, Dokumente, die sich nicht direkt zuordnen lassen, dort abzulegen, und verlängern somit unter Umständen die Suche, wenn z. B. Dokumente in den projektbezogenen Ordnern nicht gefunden und anschließend hier gesucht werden.

Für welches System Sie sich entscheiden, ist letztlich egal – wichtig ist nur,

- dass es zu dem zugrunde liegenden Arbeitsbereich passt, sodass sowohl Ablage als auch Suche möglichst effizient realisiert werden können,
- dass es auch für andere transparent ist und
- dass es einheitlich ist.

Es hat z. B. wenig Sinn, parallel Ordner für Kunden und Projekte anzulegen, wenn Sie sich dann bei jedem abzulegenden Kundenbrief die Frage stellen müssen, ob dieser Brief dem Kunden oder dem zugrunde liegenden Projekt zuzuordnen ist.

Bei der Strukturierung der Ablage sollte man sich daher Folgendes überlegen:

Geht es in Ihrem Bereich eher um Dokumente, die Kunden und Lieferanten betreffen, oder geht es eher um Unterlagen, die einzelne Projekte betreffen.

Unabhängig von dem gewählten Ablagesystem sollte man einen so genannten „Ablageplan" erstellen, aus dem ersichtlich ist, für welche Bereiche es welche Möglichkeiten der Ablage gibt. Dies erleichtert sowohl die Ablage an sich als auch die Suche nach den erforderlichen Dokumenten. Die Notwendigkeit eines solchen Ablageplans verdeutlicht das folgende Beispiel:

Infobox

Auch im Privatbereich kann ein effizientes Dokumentenmanagement viel Zeit sparen. Denkbar sind hier z. B. jährliche Ordner für steuerlich relevante Belege, Konto- und Depotauszüge sowie langfristige Ordner für Versicherungen etc.

Es ist 21.00 Uhr und Herr Meier muss sich noch auf ein kurzfristig angesetztes Kundengespräch am nächsten Vormittag vorbereiten. Seine Sekretärin ist weg; er muss die Unterlagen selbst suchen. Zum Glück hängt im Büro ein Ablageplan, auf dem er genau sieht, wo sich die Unterlagen zu diesem Kunden befinden, sodass er sie schnell findet und die Zeit optimal für die inhaltliche Vorbereitung auf das Gespräch verwenden kann.

2. Hilfsmittel des Dokumentenmanagements: Die Ablage von Unterlagen, Briefen oder Dokumenten kann auf unterschiedliche Weise erfolgen: z. B. Ordner, Hängeregistratur, Ablage-Mappen und Ablage-Systeme.

Die Entscheidung für ein bestimmtes System hängt ab von den persönlichen Präferenzen, dem zur Verfügung stehenden Platz sowie von der Art der abzulegenden Dokumente und Unterlagen.

Geht es z. B. um das Aufheben von Unterlagen, bei denen das Lochen nicht generell möglich ist, eignet sich eher eine Hängeregistratur oder eine Ablage-Mappe als ein Ordner. Ist z. B. der direkte Zugriff vom Schreibtisch auf die wichtigsten Kundendaten erforderlich, eignet sich ebenfalls die Ablage in einer Hängeregistratur.

Auch hier gilt: Für welches System man sich entscheidet, ist letztlich egal – wichtig ist, dass es möglichst einheitlich ist und dass auch andere wissen, in welchen Schränken oder auf welchen Regalen sich die Ablage-Ordner befinden.

Ein mittelständisches Unternehmen, das im Kundenauftrag Berechnungs- und Beratungsleistungen durchführt, hat z. B. für jeden Kunden eine Ablage-Mappe angelegt, in die sämtliche für den Kunden oder die Berechnungen relevanten Unterlagen, Telefonnotizen, Protokolle etc. abgelegt werden. Die Ablage-Mappen werden in einer Art Archiv gesammelt. Bei Kundenkontakt wird die entsprechende Akte aus dem Archiv geholt. Die Methode ist platzsparend, effizient und sichert zu, dass die relevanten Informationen und Dokumente an einem Ort gesammelt werden und unmittelbar zur Verfügung stehen.

3. Zeitpunkt der Ablage: Bei der Ablage handelt es sich um eine typische Routinetätigkeit, die den C-Aufgaben zugeordnet werden kann und in vielen Büros regelmäßig verschoben wird, denn nicht alle Kollegen sehen darin eine willkommene Aufgabe, die man komplizierteren Arbeisprozessen vorziehen kann (vgl. Kap. 1). Die Folge sind wachsende Papierstapel auf dem Schreibtisch, die die Suche nach relevanten Informationen und Dokumenten erschweren.

Ein Kunde ruft in der Werbeagentur unseres obigen Fallbeispiels an und beruft sich auf ein Angebot, das er vor ca. 4 Wochen erhalten hat. Da in den letzten 4 Wochen keine Ablage durchgeführt wurde, muss Frau Nico den vor ihr liegenden Papierstapel einzeln durchschauen, um das Angebot zu finden und verliert dabei wertvolle Zeit. Eine zeitnah durchgeführte Ablage hätte dies vermeiden können.

Es hat daher wenig Sinn, die Ablage länger hinauszuschieben. Sinnvoller ist es, jede Woche einen festen Termin dafür einzuplanen. So wäre es in dem obigen Beispiel etwa sinnvoll, jeden Freitag vor dem Mittagessen die Ablage durchzuführen.

4. Durchführung der Ablage: Für eine möglichst effiziente Durchführung der Ablage sollten Sie schon frühzeitig entscheiden, was aufzuheben ist und was sofort entsorgt werden kann. Außerdem ist es sinnvoll, auf die Dokumente bereits bei der Durchsicht kurz zu notieren, wo sie abgelegt werden sollen.

> Infobox
>
> **Existiert ein einheitliches und transparentes Ablagesystem und wird frühzeitig entschieden, ob und wo abgelegt wird, lässt sich die Ablage übrigens auch sehr gut delegieren.**

So sollte Frau Nico bei dem oben angesprochenen Angebot schon zum Zeitpunkt der Erstellung bzw. Versendung entscheiden, dass es abgelegt wird und wo es abgelegt wird. Ein eingegangener Werbebrief einer Firma, für deren Produkte im Unternehmen kein Interesse besteht, kann jedoch gleich weggeworfen werden und darf nicht erst auf dem Stoß der abzulegenden Dokumente und Unterlagen deponiert werden.

Auf einen Blick

Eine unprofessionelle Ablage und die anschließende Suche nach erforderlichen Dokumenten kann unnötig Zeit kosten. Daher sollten Sie

- sich ein einheitliches Ablagesystem überlegen und konsequent umsetzen,
- das System in einem übersichtlichen Ablageplan aufzeichnen,
- sich für geeignete Hilfsmittel wie Ordner, Hängeregistratur etc. entscheiden,
- einen Zeitpunkt festlegen, an dem die Ablage immer stattfinden soll,
- schon frühzeitig entscheiden, ob ein Dokument abgelegt wird und wo es abgelegt werden soll,
- darüber nachdenken, ob die Ablage nicht delegiert werden kann.

2.3 PC und Notebook ordnen

Auch PC und Notebook können sich zu einem „Dokumenten-Friedhof" entwickeln, wenn kein einheitliches Ordnungssytem zugrunde liegt. Mit diesen „virtuellen" Papierbergen ist man zwar nicht in gleicher Weise permanent konfrontiert wie mit den realen Papierbergen auf dem Schreibtisch; sie führen aber genauso dazu, dass sich die Suche nach erforderlichen Dokumenten langwierig gestaltet oder dass wichtige Dateien und Texte gar nicht mehr gefunden werden. Daher sollte auch für die elektronische Dokumentenablage ein sinnvolles System entwickelt werden. Meist geht es dabei um die Ablage von E-Mails, PC-Faxe, Downloads wie angehängte Texte, Abbildungen, Entwürfe sowie selbst erstellte Dateien.

Hier stellen sich folgende Fragen:

- Welches Ordnungssystem ist sinnvoll?
- Wann erfolgt die Zuordnung?
- Wie erfolgt die Zuordnung?

Ordnungssystem

Bei der Wahl des Ordnungssystems geht es darum, nach welchen Kriterien die elektronischen Ordner und Unterordner angelegt werden und wie viele elektronische Ordner- und Unterordnersysteme erforderlich sind. Bei der Bestimmung der Kriterien sollte man sich an der Papierablage orientieren. Wird dort nach Projekten und Aufgaben abgelegt, empfiehlt es sich, das zugrunde liegende System auch auf dem PC anzuwenden. Wird eher nach Kunden abgelegt, sollte man auch auf dem Computer für jeden Kunden einen eigenen Ordner anlegen.

Hier gilt Ähnliches wie für die Papierablage: Für welches System Sie sich letztlich entscheiden, ist egal. Wichtig ist, dass das System zu den Aufgaben und dem Arbeitsbereich passt, dass es einheitlich und transparent ist und auf das System der Papierablage abgestimmt ist.

Wichtig ist auch die Frage nach der Anzahl der elektronischen Ablagesysteme, die Sie verwenden – eine Frage, die sich bei der Papierablage nicht stellt. Prinzipiell sind mehrere Varianten möglich:

- Ein System elektronischer Ordner und Unterordner, in das sämtliche oben angesprochenen Dateien und Dokumente sofort abgelegt werden und das z. B. dem Ordner „Eigene Dateien" zugeordnet wird. Der elektronische Ordner „Kunde Müller" enthält z. B. eingehende Mails, Downloads und selbst erstellte Dateien. Der Vorteil dieses Systems ist die Einheitlichkeit, da sämtliche relevanten elektronischen Dokumente eindeutig zugeordnet werden. Nachteilig sind die zusätzlichen Arbeitsschritte durch das eigene Speichern jeder Mail und jedes Anhangs in den betreffenden Ordner sowie die erschwerte Möglichkeit, „online" auf diese Daten zuzugreifen.

- Zwei Systeme möglichst gleich benannter elektronischer Ordner und Unterordner in der E-Mail- und in der normalen Dateien-Ablage. In diesem Fall existieren für den Kunden Müller zwei Ordner: einer in der E-Mail-Ablage, dem die betreffenden Mails und An-

hänge zugeordnet werden, und einer im normalen Dateiensystem, in den selbst erstellte Dateien oder PC-Faxe eingeordnet werden. Der Vorteil dieser Vorgehensweise ist die hohe Effizienz: Eingehende E-Mails lassen sich mit einem Klick in den entsprechenden Ordner schieben. Außerdem hat man die Möglichkeit des direkten Zugriffs über das Internet, wenn die entsprechende Infrastruktur vorhanden ist.
Nachteilig ist allerdings, dass es zwei Orte gibt, an denen Informationen und Dokumente abgespeichert werden können, und sich somit die Suche nach relevanten Mails oder Dateien langwieriger gestalten kann.

- Drei oder mehrere Systeme. Prinzipiell denkbar ist auch, dass das zugrunde liegende System elektronischer Ordner und Unterordner nicht nur in der E-Mail- oder in der normalen Dateienablage existiert, sondern auch für jedes Anwendungsprogramm oder für jede Person, die an dem betreffenden Computer arbeitet, extra abgespeichert wird.

Existiert für jedes Anwendungsprogramm ein eigenes Ordnersystem, werden z. B. Textdateien dem Ordnersystem der Textverarbeitung; Präsentationsdateien dem Ordnersystem des Präsentationsprogramms oder Tabellen dem Ordnersystem der Tabellenkalkulation zugeordnet. Existiert für jeden Nutzer ein eigenes elektronisches Ordnersystem, werden die von Frau Schmidt erhaltenen Dateien z. B. den Ordnern von Frau Schmidt zugeordnet, während Dateien, die von Frau Huber geschrieben wurden, den Ordnern von Frau Huber zugeordnet werden. Von derartigen elektronischen Ablagesystemen ist jedoch dringend abzuraten. Sie erhöhen unnötig die Komplexität der Ablage und erschweren die Suche, da es eine Vielzahl von Möglichkeiten gibt. Zudem sind sie sehr störanfällig.

Zeitpunkt der Ablage

Ähnlich wie bei der Papierablage stellt sich auch hier die Frage nach dem geeigneten Zeitpunkt der Ablage bzw. der Einsortierung. Dies gilt besonders für E-Mails. Hier besteht – vergleichbar der Papierablage – die Gefahr, dass sich die Mails zu virtuellen „E-Mail-Bergen" anhäufen, die kaum mehr handhabbar sind. Für die einzelnen abzulegenden Dokumente sollte man folgende Regeln berücksichtigen:

- E-Mails, PC-Faxe und Downloads: sofort bei bzw. nach der Bearbeitung, täglich oder spätestens monatlich ablegen.
- Selbst erstellte Dateien bei der Erstellung ablegen.

Prinzipiell gilt: Je eher die Zuordnung zu einem elektronischen Ordner erfolgt, desto einfacher und schneller gestaltet sich die Suche.

Frau Nico hat sich angewöhnt, ihre E-Mails jede Woche in die entsprechenden elektronischen Ordner aufzunehmen. Sucht sie eine bestimmte Mail, bei der sie nicht genau weiß, ob sie sie schon abgelegt hat oder nicht, sucht sie prinzipiell doppelt: sowohl im Posteingangs-Ordner als auch im Ablage-Ordner. Würde sie jede Mail sofort nach der Bearbeitung entsprechend ablegen, könnte sie die Suche beschleunigen.

Durchführung der Ablage

Bei der elektronischen Ablage ist v. a. die Bezeichnung der abzulegenden Dokumente wichtig. Je einheitlicher diese erfolgt, desto leichter gestalten sich Ablage und Suche nach den entsprechenden Dateien und Dokumenten. Man sollte sich also auch hier die Zeit nehmen, eine einheitliche Datei- und Dokumentenbezeichnung festzulegen.

Denkbar sind z. B. Kombinationen aus:

- Datum: Jahr, Monat, Tag
- Name: ausgeschrieben oder abgekürzt
- Vorgangsart: ausgeschrieben oder abgekürzt

Typische Beispiele hierfür sind:

- Jahr-Monat-Tag-Art-Name wie z. B. 2005-02-10-rechnung-maier
- Vorgangsart-Name wie z. B. rechnung-maier
- Name-Vorgangsart wie z. B. maier-rechnung oder maier-angebot.

> **Infobox**
>
> **Sinnvoll ist es z. B., die gewählte Variante an jedem PC in irgendeiner Form kenntlich zu machen. Dann weiß jeder Mitarbeiter sofort, nach welchem Schema gespeichert und gesucht wird.**

Welche Form der Dateibezeichnung gewählt wird, hängt letztlich von den eigenen Präferenzen und der Frage, wie die Dateien am einfachsten wiederzufinden sind, ab. Die Form sollte aber unbedingt einheitlich und für alle, die Dokumente ablegen oder suchen, transparent sein.

Unabhängig von der gewählten Namensform sollten zwei Regeln beachtet werden:

- Jahreszahlen stehen immer zu Beginn. Also „Jahr-Monat-Tag" statt „Tag-Monat-Jahr". Auf diese Weise lassen sich die Dateien besser sortieren und finden.

  Beispiel:
  Eine Datei „10-02-2005-meier-angebot" sollte besser in „2005-02-10-meier-angebot" umbenannt werden.

- Bei längeren Texten wie Angeboten, Gutachten, längeren Briefen etc., die unter Umständen zudem von verschiedenen Mitarbeitern bearbeitet werden, sollte der jeweilige Bearbeitungsstand eindeutig gekennzeichnet sein.

Denkbar ist dies durch die Angabe der jeweiligen Versionsnummer oder die Angabe des jeweiligen Datums.

Beispiel: Ein Angebot wird von mehreren Mitarbeitern bearbeitet und existiert daher auch in mehreren Versionen. Denkbar ist in diesem Fall: „2005-meier-angebot-ver01", „2005-meier-angebot-ver02" oder „2005-02-10-meier-angebot", „2005-02-15-meier-angebot".

In diesem Fall wird sofort ersichtlich, bei welcher Datei es sich um die neueste Version handelt, und zeitraubende Rückfragen oder Prüfungen der zugrunde liegenden Texte entfallen.

Infobox

Sie organisieren Ihren PC um und führen ein neues elektronisches Ablagesystem für Ihre Dateien und Dokumente ein? Dann machen Sie sich nicht die Mühe, die bisherigen Dateien umzusortieren bzw. die Benennung zu ändern. Das kostet viel Zeit und ist auch nicht erforderlich, da die Dateien ja „nur" in elektronischer Form vorliegen und keine Unordnung im Raum verursachen. Halten Sie sich nur ab sofort an die neuen Regeln, indem Sie alte Dateien immer dann umbenennen und in den richtigen Ordner legen, wenn Sie wieder mit ihnen arbeiten.

Auf einen Blick

Gehen Sie bei der elektronischen Ablage ähnlich vor wie bei der Papierablage:

- Entwickeln Sie ein geeignetes elektronisches Ordner- und Unterordnersystem, das zu dem zugrunde liegenden Arbeitsbereich passt, möglichst auf das Papierablagesystem abgestimmt sowie einheitlich und transparent ist.
- Legen Sie nicht zu viele elektronische Ablagesysteme an! Höchstens zwei – eines im E-Mail-System und eines im Dateiensystem –, das reicht vollkommen!
- Legen Sie fest, wann die elektronische Ablage erfolgt: z. B. E-Mails, PC-Faxe und Downloads sofort bei/nach der Bearbeitung; Dateien bei ihrer Erstellung.
- Bestimmen Sie eine einheitliche Form für die Bezeichnung von Dateien und informieren Sie alle Beteiligten darüber!

2.4 Elektronisches Dokumentenmanagement

Vielleicht lässt sich der schon lange existierende Traum vom papierlosen Büro irgendwann realisieren. Mittlerweile gibt es schon interessante Lösungen, mit denen man diesem Ziel näher kommen kann: elektronisches Dokumentenmanagement und digitales Büromanagement.

Das zugrunde liegende Prinzip ist einfach: Jedes Dokument, jeder Brief, jedes Fax etc. wird zentral eingescannt und dem einzelnen Arbeitsplatz direkt zugeordnet. In einer Versicherung werden z. B. eingehende Abrechnungen eingescannt und dann dem Bearbeiter auf den Bildschirm gespielt. Die Papier-Akten selbst werden zentral verwaltet; dezentrale Akten und interner Postweg lassen sich dadurch einsparen.

Spezielle Programme für das digitale Büromanagement bieten noch weitere Unterstützungsmöglichkeiten für ein elektronisches Office Management. Auf dem Computer wird dabei ein komplettes Büro mit Schreibtisch, Aktenschränken, Papierkorb, externer Kommunikation sowie Terminkalender zur Verfügung gestellt. Der digitale Schreibtisch wird sogar als Schreibtisch auf dem Bildschirm sichtbar. Auf diesem „Schreibtisch" finden sich Symbole für Termine und Aktivitäten, wie z. B. Erstellen von Berichten, Memos, Telefonnotizen, Kontaktblätter, Formulare, Termine, Adressen, Korrespondenz und Pläne, sowie ein Symbol zum Abrufen der Eingangspost. Auf einer Art elektronischem Brett werden alle Aktionen hinterlegt, die etwas mit Suchen und Finden bzw. mit der Auswertung zu tun haben. In den dargestellten

Schränken stehen dann die für das jeweilige Büro relevanten Ordner zur Verfügung.

Mit einem Maus-Klick auf das entsprechende Symbol wird das gewünschte Programm gestartet und der Sachbearbeiter kann in die Akte schauen. In der Regel lassen sich die Systeme auf die jeweiligen Bedürfnisse und Interessen der Anwender abstimmen und können individuell gestaltet werden.

Die wesentlichen Vorteile eines derartigen Systems liegen in:

- dem schnellen und übersichtlichen Ablauf der gesamten Kommunikation,
- der Transparenz eigener und fremder Termine durch den Gruppenterminkalender,
- der vereinfachten Suche nach Unterlagen und Dokumenten,
- dem Zur-Verfügung-Stellen sämtlicher relevanter Informationen durch entsprechende Links,
- der klaren und unmissverständlichen Strukturierung des Ablagesystems,
- der optimalen Adressverwaltung,
- der übersichtlichen Verwaltung und Organisation von Mailings,
- dem schnellen und einfachen Verknüpfen von Adressen, Vorlagen, Textbausteinen über die entsprechenden Masken.

Die Realisierung dieser Vorteile gelingt allerdings nur, wenn die zugrunde liegenden organisatorischen Abläufe auf das elektronische System abgestimmt sind. Außerdem müssen die Mitarbeiter in die Anwendung des elektronischen Systems eingewiesen und geschult werden, und es muss eine Bereitschaft aller Kollegen zur Nutzung dieses Systems vorhanden sein. Ansonsten besteht die Gefahr, dass unnötige Doppelarbeiten entstehen, der jeweilige Bearbeitungsstand nicht deutlich wird oder Unterlagen doppelt bearbeitet werden.

Auf einen Blick

Systeme zum elektronischen Dokumentenmanagement oder digitalen Büromanagement bilden typische papierunterstützte Prozesse im Büro ab. Sie können:

- Effizienz,
- Transparenz,
- Organisation und
- Informationsfluss erhöhen,

wenn

- die organisatorischen Abläufe angepasst sind,
- die Mitarbeiter geschult sind,
- die Mitarbeiter bereit zur Anwendung der Systeme sind,
- alle Mitarbeiter das System einsehen,
- die Daten zentral zur Verfügung stehen.

3. Die Arbeit managen

Sind Schreibtisch, Ablagesystem und Computer aufgeräumt und neu organisiert, geht es an die Organisation der täglichen Arbeit an sich. Um möglichst zielgerichtet an diese wichtige und zentrale Aufgabe heranzugehen, sollten Sie sich von den folgenden Fragestellungen leiten lassen:

- Wie kann man den Alltag so organisieren, dass die anfallenden Aufgaben möglichst effektiv und effizient durchgeführt werden?
- Wie kann ein übersichtliches Management der anstehenden Aufgaben erfolgen?
- Wie lässt sich die zur Verfügung stehende Arbeitszeit möglichst effizient nutzen?
- Was muss bei der Koordination eigener und fremder Termine beachtet werden?
- Wie lässt sich die anstehende Korrespondenz angemessen erledigen?
- Wie lassen sich E-Mails professionell verwalten, bearbeiten und neu verfassen?
- Wie lassen sich eingehende und ausgehende Telefongespräche effizient organisieren und durchführen?
- Wie lassen sich Besprechungen zeitsparend organisieren?
- Wie können Checklisten das tägliche Arbeiten erleichtern?

Die Organisation der täglichen Arbeit hat viel mit Selbstorganisation, Selbstmanagement und Zeitmanagement zu tun. Je besser es gelingt, einzelne Tipps konsequent umzusetzen – auch wenn hierfür vielleicht eine gewisse Umgewöhnungsphase erforderlich ist –, desto eher ist effizientes und zeitsparendes Arbeiten möglich.

3.1 Aufgaben managen

Effizientes Arbeiten gelingt nur bei einem zielorientierten Management aller anstehenden Aufgaben. Hierzu gehören folgende Punkte:

- Auflistung aller anstehenden Aufgaben,
- Auswahl geeigneter Strategien für die Bewältigung der jeweiligen Aufgaben,
- effiziente Durchführung der anstehenden Aufgaben.

Anstehende Aufgaben auflisten

Zunächst ist es erforderlich, sämtliche anstehenden Aufgaben aufzuschreiben. Dies kann z. B. in Form einer To-do-Liste oder auch über die in Kap. 1 vorgestellte Eisenhower-Matrix erfolgen.

Infobox

Erfassen Sie alle Ihre Aufgaben in irgendeiner Form schriftlich. Versuchen Sie nicht, alles ausschließlich im Kopf zu behalten – das raubt Kapazitäten und Energie!

Wenn Sie Ihre Aufgaben nur im Kopf speichern, müssen Sie sich permanent anstrengen, nichts zu vergessen und machen sich gleichzeitig immer wieder Sorgen darüber, ob Sie vielleicht bereits etwas vergessen haben. Die wertvolle Energie, die Sie dadurch verschwenden, könnten Sie gewinnbringend in die sachbezogene Arbeit einbringen.

Die Erfassung aller Aufgaben hat aber noch weitere Vorteile. Man kann auf diese Weise leichter Prioritäten setzen (vgl. Kap. 1.3) und einen Überblick über alle anstehenden Aufgaben gewinnen. Dadurch lässt sich realistischer planen. Zudem ist man in der Lage, komplexe Aufgaben in Teilaufgaben zu zerlegen, gleiche oder ähnliche Aufgaben zu einem Aufgabenpaket zu bündeln und jederzeit Auskunft über den Stand der Tätigkeiten bzw. der Arbeit zu geben. Schließlich kann man eine Aufgabe bewusster abschließen, indem man sie etwa auf einer Checkliste abhackt, und man sieht schwarz auf weiß, was bereits geschafft und was noch zu tun ist.

Beim Führen von Aufgabenlisten sind zwei Fragen relevant: 1. In welcher Form soll die Liste geführt werden? 2. Wie erfolgt die Verwaltung der Aufgabenliste?

1. Formen von Aufgabenlisten:

- Eisenhower-Matrix
- Mind-Map

- To-do-Listen
- elektronische To-do-Listen
- Haftnotizen
- Checklisten

Ein wesentlicher Vorteil der *Eisenhower-Matrix* ist die Tatsache, dass mit der Auflistung der Aufgaben gleichzeitig eine Priorisierung erfolgt und auf einen Blick deutlich wird, welche A-, B- und C-Aufgaben anliegen und welche Aufgaben (D-Aufgaben) nicht relevant sind.

Bei einer *Mind-Map* (vgl. Kap. 7.3) werden die Hauptaufgaben als „Äste" dargestellt, denen die Teilaufgaben jeweils zugeordnet werden. Die Vorteile liegen in der Strukturierung, Visualisierung und Übersichtlichkeit, der Nachteil in dem erforderlichen Aufwand.

To-do-Listen, die sämtliche Aufgaben enthalten, bieten den Vorteil der schnellen Erfassung und Bearbeitung. Ein Nachteil liegt möglicherweise in der Unübersichtlichkeit, wenn sich zu viele Aufgaben ansammeln.

Elektronische To-do-Listen, wie sie sich z. B. in Outlook oder Lotus Notes erstellen lassen. Der Vorteil liegt v. a. im besseren Management: Termine lassen sich einfach zuordnen, Aufgaben auch per E-Mail verschicken oder zugehörige Dokumente anhängen. Elektronische To-do-Listen lassen sich auch gut mit Tabellenkalkulationsprogrammen führen. Auch hier liegt der wesentliche Vorteil in der einfachen Verwaltung. Ein Nachteil ist allerdings der Umstand, dass zunächst der Zugang zu den elektronischen Listen sicher gestellt werden muss. Das dies durchaus problematisch sein kann, zeigt folgendes Beispiel:

Frau Nico hat zwei Arbeitsplätze: einen im Büro und einen zu Hause. Wenn sie am Wochenende an ihren Aufgaben arbeiten möchte, hat sie keinen Zugriff auf die Outlook-Liste im Büro. Vermeiden lässt sich dieses Problem mit einem Palm, einem PDA oder einem MDA, mit dem eine weitgehend automatische Synchronisierung der Outlook-Daten des Büros möglich ist.

Haftnotizen bzw. „Klebezettel" eignen sich für Aufgaben, die sehr schnell erledigt werden müssen, sodass der Zettel rasch wieder verschwinden kann. Auch darf die Notiz später keine Rolle mehr spielen, sodass sie weggeworfen werden kann. Das Prinzip eignet sich ferner für Aufgaben, die delegiert oder weitergeleitet werden, sodass zusammen mit ihnen auch der Zettel weitergegeben werden kann. Auch Aufgaben, die bestimmten Dokumenten zugeordnet werden können, lassen sich auf diese Weise gut speichern, da die Haftnotiz dann auf den zugehörigen Papieren oder Unterlagen angebracht werden kann. Bei der Durchsicht der Korrespondenz wird beispielsweise auf einem solchen Zettel notiert, was zu tun ist, und das Ganze so an den Kollegen zur Bearbeitung weitergegeben. Schließlich eignen sich „Klebezettel" für Aufgaben, die ständig verschoben oder neu terminiert werden, sodass die Notiz in den Kalender oder in der Wiedervorlagemappe geklebt werden kann.

Haftnotizen haben zwei Vorteile: Erstens sind es einzelne Zettel und zweitens kleben sie. Falls Sie diese verwenden, sollten Sie allerdings dafür sorgen, dass die kleinen Zettel sichtbar bleiben, nicht verloren gehen und auch nicht überhand nehmen.

Infobox

Die Methode mit den „Klebezetteln" lässt sich noch dahingehend verfeinern, dass unterschiedliche Arten von Aufgaben oder Aufgaben unterschiedlicher Wichtigkeit und Dringlichkeit mit bestimmten Farben gekennzeichnet werden. Rote Zettel bedeuten z. B. „absolut dringend"; blaue Zettel bedeuten „weniger dringend" etc.

Checklisten sind v. a. für Aufgaben geeignet, die sich in längeren Abständen wiederholen, sodass die Gefahr besteht, dass einzelne Tätigkeiten vergessen werden. Beispiele sind die Weihnachtspost, die Vorbereitung einer Verabschiedung oder der Jahresbericht. Auch häufig wiederkehrende Aufgaben, über deren Abwicklung man nicht immer neu nachdenken möchte, sollten auf

Checklisten festgehalten werden. Beispiele sind Reisevorbereitungen, Besprechungs- oder Besuchsvorbereitungen sowie die Überprüfung der Bestände an Büromaterial.

Geeignet ist das Prinzip auch für Aufgaben, die delegiert werden und bei denen man sich darauf verlassen möchte, dass nichts vergessen wird. Typische Beispiele sind Bestellungen, die Vorbereitung eines Besprechungsraums, die Buchung von Räumen, Hotelzimmer oder Flügen. Schließlich sollte man auch solche komplexen Aufgaben auf Checklisten festhalten, bei denen die Gefahr besteht, die Übersicht zu verlieren. Beispiele sind ein Umzug, die Vorbereitung einer Großveranstaltung oder die Durchführung eines Projekts.

Einmal erstellt, haben Checklisten viele Vorteile. Sie sparen Zeit und Aufwand, beugen Fehlern und Vergessen vor, motivieren durch die Möglichkeit, Erledigtes abzuhaken und erleichtern das Delegieren.

Der Aufwand für die Erstellung einer Checkliste lohnt sich also. Allerdings sollten bestimmte Voraussetzungen erfüllt sein:

- Eine Checkliste muss leicht reproduzierbar sein. Sinnvoll ist die Erstellung als Datei im Computer, die jederzeit ausgedruckt oder gemailt werden kann.

- Checklisten müssen allen Personen zugänglich sein, die sie brauchen. Speichern Sie Checklisten daher auf gemeinsame Laufwerke oder in allgemein zugängliche Ordner.

- Checklisten müssen mit wenig Aufwand zu erstellen und zu ergänzen sein. Sie sollten während der Aufgabenbearbeitung erstellt und ergänzt werden. Neue Checklisten lassen sich nebenbei als eine Art Protokoll führen und anschließend strukturieren; alte Checklisten sollten sofort ergänzt werden, wenn neue Punkte hinzukommen. Bei der Organisation eines Kongresses kommt z. B. die neue Aufgabe „Suche nach einem Simultanübersetzer" hinzu. Diese Aufgabe muss sofort auf die existierende Checkliste gesetzt werden, sonst besteht die Gefahr, diese Aufgabe zu vergessen.

- Eine Checkliste muss übersichtlich und leicht zu überblicken sein. Auf komplizierte Sätze, lange Wörter oder verschachtelte, komplexe Darstellungen sollte daher verzichtet werden.

- Sie muss die Möglichkeit bieten, Erledigtes abzuhaken. Vor jedem Punkt muss daher ein Kästchen eingefügt sein, das angekreuzt werden kann. Denn keiner sollte in Versuchung geraten, Erledigtes durchzustreichen. Es handelt sich hier ja nicht um eine To-do-Liste für einmalige Aufgaben!

- Checklisten müssen die Möglichkeit bieten, Notizen hinzuzufügen. Jedem Thema sollten Spalten oder Zeilen für sinnvolle Notizen angefügt werden. Häufig findet man z. B. Spalten, in die das Datum der Erledigung, der Verantwortliche oder der Bearbeitungsstatus eingetragen werden können. Zudem sollte Platz für freie Notizen eingeplant werden.

Infobox

Checklisten lassen sich übrigens sehr gut mit Hilfe von Tabellenkalkulationsprogrammen erfassen. Dort können unterschiedliche Spalten eingerichtet werden und anschließend z. B. nach Stichwort, Verantwortlichem oder Datum der Erledigung gefiltert werden.

Einfache Form einer Checkliste:

Status	Aufgabe

Aussagekräftigere Form:

Status	Aufgabe	Teilaufgaben	Notizen/Ergebnisse

Checkliste für Team- oder Projektarbeit:

Status	Aufgabe	Teilaufgaben	Bearbeiter	Notizen/Ergebnisse

2. Verwaltung der Aufgabenlisten:
Wenn Sie sich entschieden haben, mit der einen oder anderen Form von Aufgabenliste zu arbeiten, reicht es allerdings nicht, die Aufgaben einmal zu erfassen und dann getrost abzulegen. Sie müssen vielmehr täglich neu aufgegriffen und weiterentwickelt werden. Hierbei sollte man sich an bestimmte Regeln halten:
Jede neue Aufgabe wird möglichst zeitnah in die Aufgabenliste eingetragen und mit einem festen Termin versehen. Dadurch vermeidet man die Gefahr, einzelne und v. a. kleinere Aufgaben zu vergessen. Ist eine Aufgabe erledigt, wird sie auch als „erledigt" gekennzeichnet. Dies motiviert nämlich enorm! Die Übertragung nicht erledigter Aufgaben von einem Tag auf den anderen, wie es mitunter empfohlen wird, sollte besser vermieden werden. Denn durch die ständige Beschäftigung mit unerledigten Dingen entsteht nur unnötiger Druck.

Es ist sinnvoller, die Aufgabenliste einmal täglich oder wöchentlich zur Hand zu nehmen und zu überlegen, wann an der Erledigung der jeweiligen Aufgabe gearbeitet werden soll, wie die Erledigung erfolgen soll und welche Vorarbeiten erforderlich sind, damit eine effiziente Erledigung möglich ist.

Auf der Aufgabenliste von Frau Nico ist z. B. die Fertigstellung des Projektabschlussberichts bis zum Ende des Monats verzeichnet. Sie überlegt sich daher, wann sie spätestens damit beginnen muss, um nicht in Zeitnot zu geraten, und merkt dabei, dass sie noch zusätzliche Informationen benötigt und dass diese Teilaufgabe – die Beschaffung zusätzlicher Informationen – möglichst schnell und zeitnah erledigt werden sollte.

Infobox

Vermeiden Sie den ständigen Blick auf To-do- oder Aufgabenlisten! Wenn man sich dauernd vor Augen führt, was noch nicht erledigt ist, kann dies zu unnötigem Stress führen!

Strategien entwickeln

Betrachtet man eine durchschnittliche To-do-Liste, dann findet man in der Regel drei Typen von Aufgaben:

- *Tagesgeschäft*, das sämtliche täglich anfallenden Aufgaben umfasst, wie z. B. Terminmanagement, Besprechungen, Erledigung der Korrespondenz oder Bearbeitung der E-Mails.
- *Projektaufgaben*, die über das Tagesgeschäft hinausgehen und einmalige, meist komplexe Tätigkeiten mit einer sachlichen und zeitlichen Zielvorgabe darstellen. Beispiele sind die Gestaltung des Internet-Auftritts, die Erstellung von Folien für eine Kundenpräsentation oder die Organisation einer Veranstaltung.
- *Spontanaufgaben*, die man kurzfristig von Chef, Kollegen oder Kunden erhält, wie z. B. die Durchsicht ei-

nes Briefes der Kollegin oder die Bitte, für einen erkrankten Kollegen einzuspringen.

Bei all diesen Aufgaben kann es sich vor dem Hintergrund der Ziele und Erwartungen jeweils um A-, B-, C- oder D-Aufgaben handeln (vgl. Kap. 1). In Abhängigkeit davon lassen sich bei der Aufgabenbewältigung drei Strategien verfolgen: 1. Strategie der Konzentration, 2. Strategie der Bündelung, 3. Strategie der Delegation.

Strategie der Konzentration (für A- und B-Aufgaben): Unabhängig davon, ob es sich um Tagesgeschäft oder Projekte handelt, an A- und B-Aufgaben sollte regelmäßig und kontinuierlich gearbeitet werden. Sinnvoll ist hier die Strategie der Konzentration. Dies bedeutet, dass man sich jeden Tag oder jede Woche auf eine oder mehrere A- und B-Aufgaben konzentriert und so versucht, bei deren Bearbeitung wirklich voranzukommen. Besonders wichtig ist dieses konsequente „Dranbleiben", wenn es sich um komplexere Projekte handelt und die Zeit der Fertigstellung immer näher rückt.

> Infobox
>
> **Jeden Tag oder jede Woche einen kleinen Schritt weiterzukommen ist besser, als am Schluss bei Zeitknappheit in Stress zu geraten und unter Umständen Nachtschichten einlegen zu müssen.**

Herr Alexo ist z. B. für die Neugestaltung des Internet-Auftritts verantwortlich; es ist für ihn momentan noch eine B-Aufgabe, kann sich aber schnell zu einer A-Aufgabe entwickeln, wenn er nicht konsequent an der Bearbeitung dranbleibt. Um dies zu verhindern und nicht unnötig in Zeitnot zu geraten, nimmt er sich vor, jeden Tag zuerst einmal eine Stunde an dem Internet-Auftritt zu arbeiten, wenn er ins Büro kommt.

Aber auch bei A-Aufgaben im Tagesgeschäft hilft die Strategie der „stillen Stunde", die meist am frühen Morgen oder am späten Nachmittag angesiedelt ist. Sämtliche Aufgaben lassen sich dann viel konzentrierter bewältigen, als wenn man ständig unterbrochen wird.

Strategie der Bündelung (für C-Aufgaben): Bei C-Aufgaben handelt es sich meist um Routinetätigkeiten. Sie müssen aber genauso strikt verfolgt werden wie A- und B-Aufgaben. Allerdings ist es hier sinnvoll, zunächst mehrere Aufgaben zu sammeln und dann gemeinsam hintereinander abzuarbeiten. Frau Nico erledigt z. B. die Korrespondenz immer gebündelt, indem sie sämtliche anfallenden Briefe und Faxe zunächst dem Eingangskorb oder der Organisationsmappe zuordnet, um sie dann gesammelt abzuarbeiten.

C-Aufgaben betreffen meistens das Tagesgeschäft, das in sehr vielen Büros recht ähnlich aussieht. Daher finden

Sie im Folgenden vielfältige Möglichkeiten der Bündelung, von denen Sie die ein oder andere sicher auch in Ihrem Arbeitsalltag nutzen können.

Telefonate: Sammeln Sie alle erforderlichen Telefonate in einer Art Telefonliste – z. B. in Ihrem „Superbuch" – und führen Sie sie hintereinander durch (vgl. Kap. 3.4).

Korrespondenz: Sammeln Sie alle Briefe und Faxe, die Sie beantworten müssen in Ihrer Organisationsmappe und bearbeiten Sie sie nacheinander als einen Aufgabenkomplex! Weitere Tipps gibt es in Kap. 3.2.

Fragen: Sammeln Sie alle Fragen in Bezug auf eine bestimmte Person oder ein bestimmtes Thema auf einer Liste oder in Ihrem „Superbuch" und suchen Sie den Gesprächspartner erst dann auf, wenn Sie glauben, dass keine weiteren Fragen hinzukommen. Auf diese Weise sparen Sie sich Wege, Wartezeiten und vielleicht auch den einen oder anderen Small-Talk.

Infobox

Bei manchen Fragen gilt bekanntermaßen auch der Grundsatz, dass sie sich von selbst erledigen, wenn sie etwas gelagert werden – natürlich nicht zu lange!

E-Mails: Bearbeiten Sie den Posteingang Ihres E-Mail-Programms zu festen Zeiten; z. B. dreimal täglich.

> **Infobox**
>
> **Denken Sie immer daran, dass der normale Posteingang ja auch nicht kontinuierlich erfolgt, sondern der Briefträger nur einmal täglich vorbeikommt.**

Wenn Sie diese Regel konsequent verfolgen, dann werden Sie nicht immer aus Ihrer Arbeit gerissen, wenn ein Blinken oder Piepen den Eingang einer neuen E-Mail ankündigt. Auf dieses Thema wird in Kap. 3.3 noch genauer eingegangen.

Einkauf/Beschaffung: Sammeln Sie Bestellungen in Listen oder Formularen, sodass Sie nur noch einmal beim Hersteller anrufen müssen bzw. das Bestellformular nur einmal ausfüllen müssen.

Einkaufs- und Beschaffungsvorgänge können Sie übrigens noch effizienter gestalten, wenn Sie Listen mit bestellbarem Material zur Verfügung stellen und diesbezüglich keinen weiteren Fragen ausgesetzt sind.

Internet-Recherche: Sammeln Sie Stichworte, nach denen Sie suchen möchten und vermeiden Sie, bei jeder neu entstehenden Frage sofort ins Internet zu gehen.

Ablage: Legen Sie nicht immer sofort ab, sondern sammeln Sie die abzulegenden Dokumente und Unterlagen, um sie dann in einem Arbeitsschritt einzuordnen.

Strategie der Delegation (für C- und D-Aufgaben): Bei manchen C- und v. a. bei D-Aufgaben stellt sich die Frage, ob man diese tatsächlich selbst durchführen muss oder ob es nicht besser ist, sie zu delegieren. Typische Beispiele sind Ablage, Kopieren, Einkaufen, Vorbereiten eines Besprechungsraums, Post- und andere Erledigungsgänge.

Voraussetzung für eine Delegation von Aufgaben ist jedoch, dass es in Ihrem Arbeitsbereich tatsächlich Mitarbeiter gibt, an die delegiert werden kann. In vielen Abteilungen und besonders in Sekretariaten liegt gerade hierin das Problem: Häufig steht niemand zur Verfügung, an den die betreffenden Aufgaben übergeben werden könnten, da Sekretariatsmitarbeiter selbst bereits viele Aufgaben erfüllen, die an sie delegiert wurden.

Dennoch sollte die Möglichkeit der Delegation niemals vollkommen ausgeschlossen werden. Gelingt es, Unterstützung zu finden, sind beim Delegieren folgende Punkte zu beachten:

- *Klare Vorgabe von Zielen und Ergebnissen.* Dabei ist deutlich zu machen, was das Ziel der Aufgabe ist (*wozu?*), welches Ergebnis die Tätigkeit haben soll (*was?*), welche Konsequenzen daraus entstehen (*wofür?*), welche Priorität die Aufgabe hat (*wie wichtig und wie dringend?*).

Bei der Delegation der Ablage ist z. B. zu verdeutlichen, dass das Ziel darin besteht, dass die Dokumente sinnvoll in die angegebenen Ordner eingefügt werden, damit die Suche nach den Dokumenten einfacher und schneller ist, und dass es sich um eine Aufgabe handelt, die einmal wöchentlich durchgeführt werden sollte.

- *Zuordnung von Mitteln und Kompetenzen:* Hierbei ist sicher zu stellen, dass derjenige, an den delegiert wird, über die nötigen Ressourcen und Mittel verfügt, um die Aufgabe erledigen zu können, und dass er selbst über die Art und Weise entscheiden kann, wie das gewünschte Ergebnis herbeigeführt wird. In Bezug auf die Ablage ist z. B. festzulegen, dass derjenige, an den delegiert wird, Zugang zu sämtlichen erforderlichen Ordnern hat und selbst entscheiden kann, zu welchem Zeitpunkt und in welcher Reihenfolge er die Ablage erledigt.

- *Klare Übertragung der Verantwortung:* Zusammen mit der Aufgabe selbst ist die Verantwortung für das Ergebnis sowie diejenige für den Weg zum Ergebnis und diejenige für die benötigten Ressourcen eindeutig zu übertragen. Wenn dies nicht erfolgt, besteht die Gefahr, dass derjenige, an den delegiert wird, nicht motiviert ist, nicht selbstständig arbeitet oder immer wieder nachfragt und sich rückversichert.

Infobox

Das bekannte Phänomen, dass derjenige, an den delegiert wurde, häufig nachfragt und sich bei seinen Aktivitäten rückversichert, nennt man übrigens „Rückdelegation". Denn durch das ständige Nachfragen und Rückversichern wird die Aufgabe faktisch wieder „zurückdelegiert" und die gewünschte Entlastung findet nur in begrenztem Maße statt.

Werden die Strategien der Konzentration, der Bündelung und der Delegation gezielt zur Abwicklung von A-, B-, C- und D-Aufgaben im Tagesgeschäft wie bei Projekten eingesetzt, lässt sich viel Zeit gewinnen. Wie dies bei der Einteilung des Tages konkret umgesetzt werden kann, erfahren Sie in Kap. 4. Die Abwicklung von Projekten lässt sich zudem durch bestimmte Methoden und Instrumente, die in Kap. 6 näher erläutert werden, noch effizienter gestalten.

Neben dem Tagesgeschäft und den Projektaufgaben gibt es noch die Spontanaufgaben. Da mit ihnen ständig zu rechnen ist, ist bei der Einteilung des Tages hierfür entsprechend Zeit einzuplanen (vgl. Kap. 4).

Problematisch wird es allerdings, wenn die Übernahme einer Spontanaufgabe zu vielfältigen Folgeaufgaben führt, die wertvolle Zeit für die Durchführung des Tagesgeschäftes oder wichtiger Projektaufgaben rauben. Ein Beispiel ist die Bitte des Chefs, ihn auf einer internen Besprechung mit anderen Abteilungsleitern zu vertreten, bei der es um die Internet-Gestaltung geht. Kurzfristig ist die Aufgabe nicht zeitraubend, da es sich ja nur um die Teilnahme an einer internen Besprechung handelt. Langfristig kann es jedoch sein, dass man von diesem Moment an für das Projekt zuständig ist und den Chef bei allen hier anfallenden Aufgaben vertritt.

In diesem Fall sollte man vor der Zusage zur Übernahme einer Zusatzaufgabe prüfen,

- ob die Aufgabe mit den Zielen und Prioritäten des eigenen Tätigkeitsbereichs in Einklang zu bringen ist,
- ob genügend Freiräume und Kapazitäten vorhanden sind bzw.
- welche Aufgaben im Tages- oder Projektgeschäft dann nicht mehr wie geplant durchgeführt werden können.

Sollte die Übernahme einer derartigen Spontanaufgabe tatsächlich mit zeitlich nicht zu bewältigenden Folgeaufgaben verbunden sein, ist es besser, frühzeitig darauf hinzuweisen, dass die Spontanaufgabe selbst natürlich gerne übernommen werden kann, für weitere mit ihr verbundene Aufgaben jedoch keine Kapazitäten vorhanden sind.

Unterstreichen lässt sich diese Strategie zusätzlich dadurch, dass sämtliche für die Durchführung einer Spontanaufgabe erforderlichen Unterlagen direkt nach erfolgter Abwicklung an den Urheber zurückgegeben werden.

Für das obige Beispiel bedeutet dies, dass der Chef unmittelbar nach der Besprechung (z. B. per E-Mail) über die Ergebnisse der Sitzung informiert wird und Unterlagen oder Dokumente an ihn zurückgegeben werden.

Aufgaben durchführen

Unabhängig davon, um welche Aufgaben es sich handelt und welche Strategie der Bearbeitung Sie wählen, gibt es übergreifende Tipps und Hinweise, die für eine effizientere Bearbeitung von Bedeutung sind:

> Infobox
>
> **Leider gelingt nur in seltenen Fällen diese Gleichzeitigkeit verschiedener Tätigkeiten. Ist das der Fall, dann spricht man von „Multi-Tasking".**

Konzentration: Konzentrieren Sie sich nur auf eine Aufgabe und versuchen Sie, sich mit dieser so lange zu beschäftigen, bis Sie sie erledigt haben. Neben den externen „Zeitfressern" wie Telefonate oder Kollegen-Besuche, die in Kap. 4 näher beschrieben werden, sind wir es häufig selbst, die uns hier im Weg stehen. Denn häufig versuchen wir mehrere Aufgaben gleichzeitig zu erledigen, wie etwa ein Telefonat und die gleichzeitige Durchsicht von E-Mails oder Telefonieren und parallele Recherche im Internet.

Oft schweift man aber auch von der eigentlichen Tätigkeit ab, etwa durch eine immer stärker ausufernde Internet-Recherche während des Schreibens eines wichtigen Briefes.

Während viele der externen Störungen nicht oder nur kaum behebbar sind, können Sie hier sehr gut an sich arbeiten, indem Sie sich angewöhnen, sich jeweils nur auf eine Aufgabe zu konzentrieren (vgl. auch Kap. 7.1).

Eins nach dem anderen: Eng mit der Konzentration hängt eine andere Strategie zusammen: Versuchen Sie stets, eine Aufgabe nach der anderen durchzuführen und denken Sie nicht bei der Abwicklung der ersten schon an die nächste. Wägen Sie bewusst die Prioritäten ab und überlegen Sie sich, welche Aufgaben Sie in welcher Reihenfolge bearbeiten möchten. Kommunizieren Sie dies – falls erforderlich – auch Kollegen oder Telefonpartnern gegenüber. Kommt etwa ein Kollege mit der Bitte, ihm bei der Bearbeitung einer E-Mail zu helfen, können Sie ihm ruhig sagen, dass Sie zunächst die Aufgabe, an der Sie gerade arbeiten, abschließen möchten, ihm danach aber gerne helfen.

Bewusstes Abschließen von Tätigkeiten: Aktuelle Tätigkeiten sollten bewusst abgeschlossen werden, bevor man neue Tätigkeiten beginnt. Dies gilt auch dann, wenn die Tätigkeit oder Aufgabe noch nicht ganz bewältigt werden konnte. Stellen Sie sich vor, Sie werden kurzfristig zu Ihrem Chef gerufen, arbeiten aber gerade an einem wichtigen Brief. Machen Sie sich kurz Notizen über die Gedanken und Ideen, die Ihnen während der Bearbeitung eingefallen sind, und speichern Sie den Brief ab, bevor Sie zu Ihrem Chef gehen.

Aufschieben vermeiden: Bestimmte Aufgaben und Tätigkeiten werden gerne aufgeschoben, weil sie zu umfangreich erscheinen, weil sie noch nicht dringend sind, weil sie einem unangenehm erscheinen oder weil andere Aufgaben dazwischenkommen.

Die Folge ist, dass manche Aufgaben von Tag zu Tag oder Woche zu Woche verschoben werden und langsam zu einem Berg anwachsen, der oft wie ein Damokles-Schwert über einem liegt und nicht selten zu Frustrationen und Stress führt.

Wie lässt sich aber das ständige Hinausschieben von Aufgaben vermeiden? Erscheinen Aufgaben zu komplex und umfangreich, helfen z. B. Methoden des Projektmanagements (vgl. Kap. 6), die Komplexität zu reduzieren. Auch wenn Aufgaben noch nicht dringend sind, sollten sie nicht ständig aufgeschoben, sondern ein endgültiger Termin festgelegt werden, an dem mit der Bewältigung der Aufgabe begonnen wird.

Handelt es sich um unangenehme Aufgaben, sollten diese schrittweise bewältigt werden. Dies bedeutet z. B., dass jeden Tag oder jede Woche eine andere unangenehme Aufgabe angegangen und abgeschlossen wird. Der Berg wird dann stetig kleiner und irgendwann hat man es geschafft. Kommen andere Aufgaben dazwischen, sollten die Prioritäten überprüft werden. Handelt es sich dabei tatsächlich um wichtigere und dringendere Aufgaben? Dann muss ein neuer Termin für die ursprünglich geplanten Aufgaben festgelegt werden. Ansonsten sollte man durchaus an der ursprünglichen Planung festhalten.

Direkt-Prinzip: Gewöhnen Sie sich an, jeden Vorgang, jedes Dokument, jeden Brief oder jede Anfrage nur ein einziges Mal in die Hand zu nehmen und bei dieser Gelegenheit sofort zu entscheiden, wie Sie damit weiter verfahren:

Sofort erledigen! Lässt sich eine Aktivität innerhalb von 3 Minuten durchführen, dann sollten Sie diese sofort erledigen. Ein typisches Beispiel ist die Bitte eines Telefonpartners, ihm eine bestimmte Datei zu mailen. Dieser Bitte kann ohne Probleme innerhalb von 3 Minuten nachgekommen werden, sodass sie sofort erledigt werden sollte. Wenn Sie sie aufschieben, besteht erstens die Gefahr, dass Sie die Aufgabe vergessen, zweitens stellen unerledigte Dinge immer eine gewisse Belastung dar. Summieren sie sich, kann dies in ernst zu nehmenden Stress münden, der die anderen Arbeitsprozesse langfristig blockiert.

Sofort ablegen bzw. zuordnen! Sind keine weiteren Aktivitäten oder Aufgaben mit einem Dokument, einem Brief oder einem Vorgang verbunden oder handelt es sich um einen Vorgang, der gebündelt erledigt werden sollte, empfiehlt es sich, ihn entweder sofort in den Ablagekorb oder die entsprechende Organisationsmappe zu legen. Beispiele hierfür sind Briefe von Kunden, die rein informativen Charakter besitzen und nicht beantwortet werden müssen, oder Besprechungsprotokolle.

Sofort planen! Handelt es sich um neue Aufgaben oder umfangreichere Vorgänge, ist zu planen, wann die Durchführung am besten vorgenommen werden sollte. Handelt es sich hingegen um Routinetätigkeiten wie die Beantwortung von Briefen oder die Bezahlung von Rechnungen, können diese der entsprechenden Mappe zugeordnet werden, um sie bei der nächsten Bearbeitung zu berücksichtigen. Das betrifft beispielsweise die Bearbeitung der eingehenden Post. Für Briefe, die nicht innerhalb von 3 Minuten beantwort- bzw. bearbeitbar sind, sollte festgelegt werden, wann die Bearbeitung erfolgen soll. Zudem müssen sie entsprechend gesammelt und eingeordnet werden.

> Infobox
>
> **Kombinieren lässt sich diese Methode übrigens sehr gut mit dem „Management by Post it", indem auf jedes zu delegierende Dokument eine Haftnotiz aufgeklebt wird, auf der vermerkt ist, was zu tun ist und wer dies tun soll.**

Sofort delegieren! Handelt es sich um Tätigkeiten, die delegiert werden können, sollte dies sofort erfolgen. Dann muss man sich selbst nicht mehr um die Aufgabe kümmern und hat sie aus dem eigenen Blickfeld verbannt. So überlegt etwa der Abteilungsleiter des Vertriebs bei jedem eingehenden Vorgang, was zu tun ist und welcher Mitarbeiter diesen Vorgang gemäß seiner Stärken und seiner Verfügbarkeit erledigen könnte.

Sofort entscheiden! Gerade bei Projektaufgaben und wichtigen A- und B-Aufgaben sollte immer sofort entschieden werden, wann man sich mit der jeweiligen Aufgabe auseinander setzt und welche Vorarbeiten erforderlich sind. Je früher dies erfolgt, desto geringer ist die Gefahr, dass man in Zeitnot gerät. Kommt z. B. ein neuer Kundenauftrag, sollte sofort entschieden werden, wann die Bearbeitung beginnt und ob Vorarbeiten erforderlich sind, die die Bearbeitung überhaupt erst ermöglichen. Dabei handelt es sich z. B. um noch fehlende Unterlagen, ohne die die Erledigung nicht möglich ist. Werden diese Unterlagen frühzeitig eingefordert, verringert sich die Gefahr, in letzter Minute noch hektisch nach diesen Unterlagen zu forschen.

Wenden Sie das „Direkt-Prinzip" grundsätzlich immer an, wenn Sie Dokumente, Briefe, Vorgänge, Unterlagen etc. erhalten! Dann strukturieren Sie von Anfang an Ihre To-do-Liste und vermeiden anwachsende Papierberge mit Dokumenten und Vorgängen, bei denen Sie sich noch nicht entschieden haben, was genau zu tun ist.

Infobox

Kennen Sie die 72-Stunden-Regel? Wenn nicht spätestens 72 Stunden nach Eingang eines Vorgangs oder Briefes selbiger bearbeitet ist, mit der Bearbeitung begonnen wurde oder selbige zumindest eingeplant wurde, dann wird dieser Vorgang meist gar nicht mehr erledigt. Motiviert dies nicht sehr zur Anwendung des „Direkt-Prinzips"?

Gezieltes Multi-Tasking: Zwei Aufgaben, die jeweils Konzentration erfordern, sollten – wie oben angesprochen – nicht parallel durchgeführt werden. Dies gilt jedoch nicht unbedingt für Aufgaben, bei denen man sich kaum noch konzentrieren muss, da sie mehr oder weni-

Infobox

Fragen Sie sich ruhig, welche Tätigkeiten sich im Büro-Alltag mittlerweile so automatisiert haben, dass sie keine Konzentration mehr erfordern und bei welchen Gelegenheiten Sie diese Tätigkeiten nebenbei erledigen können!

ger automatisiert ablaufen. In diesem Fall kann man durch eine gezielte Multi-Tasking-Strategie sogar viel Zeit einsparen. Beispiele sind das Lochen von Unterlagen während des Telefongesprächs mit einer Kollegin oder das Nachdenken über die am Nachmittag beginnende Abteilungsbesprechung während des Gießens der Zimmerpflanzen.

Nutzung der EDV: Durch die gezielte Nutzung der zur Verfügung stehenden Anwendungsprogramme lässt sich

Infobox

Investitionen in hier angebotene Kurse lohnen sich vor dem Hintergrund der Zeitersparnispotenziale immer. Vielleicht haben Sie die Möglichkeit, sich mit einer Kollegin oder einem Kollegen zusammenzuschließen, dann können Sie sich gegenseitig motivieren. Entscheidend ist nämlich, den Kurs nicht vorzeitig abzubrechen, damit man die neu gelernten Anwendungen auch ausreichend einüben kann.

viel Zeit einsparen. Konkrete Beispiele sind elektronische Aufgaben- und Erinnerungslisten, Gruppenterminkalender, Favoritenverwaltung im Internet, Verwaltung der Kontakte sowie die Verwendung von Musterbriefen, Dokumentvorlagen und Textbausteinen.

Auf einen Blick

- ➜ Konzentrieren Sie sich jeweils auf eine Aufgabe und vermeiden Sie, zwei Aufgaben, die Konzentration erfordern, parallel durchzuführen!
- ➜ Wenden Sie konsequent das Prinzip „Eins nach dem Anderen" an!
- ➜ Bringen Sie jede Tätigkeit zu einem Zwischenabschluss, bevor Sie mit einer neuen Aufgabe beginnen!
- ➜ Vermeiden Sie das Aufschieben von Tätigkeiten!
- ➜ Wenden Sie konsequent das „Direkt-Prinzip" an: Sofort erledigen, sofort ablegen, sofort planen, sofort delegieren und sofort entscheiden!
- ➜ Überlegen Sie sich, welche Tätigkeiten kaum Konzentration erfordern und wie sie diese Tätigkeiten parallel durchführen können, um Zeit zu sparen!
- ➜ Nutzen Sie die EDV-Anwendungsprogramme!

In Kap. 3.1 ging es um das Management der Aufgaben im Allgemeinen: Welche Aufgaben fallen an, welche Strategien eignen sich zur Bearbeitung dieser Aufgaben und welche Methoden gewährleisten eine effiziente Durchführung?

Bei bestimmten, in jedem Office anfallenden Aufgaben, lassen sich zudem ganz spezielle Methoden und Strategien einsetzen, auf die in den folgenden Kapiteln näher eingegangen wird. Es handelt sich dabei um das Management von Korrespondenz, E-Mails, Telefonaten und Besprechungen.

3.2 Korrespondenz managen

Häufig beansprucht die Bearbeitung der eingehenden Post einen großen Teil der zur Verfügung stehenden Arbeitszeit. Mancher nimmt sich viel Zeit für die Beantwortung der Korrespondenz, auch wenn dies meist gar nicht in dem Maße erforderlich ist. Daher steckt in einem effizienten Korrespondenz Management ein erhebliches Zeitsparpotenzial, das Sie auf jeden Fall nutzen sollten.

Aus der Sicht des Office Managements sind zwei Fälle zu unterscheiden: 1. die Vorsortierung der eingehenden Post zur Unterstützung des Chefs, 2. die selbstständige Bearbeitung und Beantwortung von Briefen.

Vorsortierung

Sind Sie für das Öffnen und Sortieren der Post Ihres Chefs zuständig, dann sollten Sie mit ihm folgende Punkte besprechen und möglichst eindeutige Regelungen festlegen:

- Welche Angelegenheiten können selbstständig und ohne weitere Rücksprache bearbeitet werden?
- Welche Post soll direkt an die zuständigen Mitarbeiter weitergeleitet werden?
- Welche Post kann direkt in den Papierkorb wandern (z. B. Werbebriefe oder Kongressankündigungen)?
- Nach welchem System soll die restliche Post vorgelegt und vorsortiert werden? Diesbezüglich könnte z. B. festgelegt werden, dass wichtige und dringende Angelegenheiten dem Chef sofort vorgelegt werden, Fachliteratur in einer gesonderten Lesemappe aufbewahrt wird etc.
- In welchen Fällen sollen vorhandene Schriftwechsel oder andere wichtige Unterlagen beigefügt werden?

Sind diese Punkte einmal eindeutig zwischen Ihnen und Ihrem Chef geregelt, hilft es beiden Parteien, effizienter und zeitsparender zu arbeiten.

Selbstständige Bearbeitung

Prinzipiell gilt für die Korrespondenz dasselbe wie für andere Aufgaben (vgl. Kap. 3.1). Überlegen Sie sich zunächst, welche Briefe wie wichtig sind. Nur für wirklich wichtige Schreiben sollten Sie sich etwas mehr Zeit nehmen! Der Großteil der Post hat jedoch nicht diesen Stellenwert und lässt sich daher zügig und mit wenig Zeitaufwand bearbeiten. Wie lässt sich dies aber in der Praxis realisieren?

Versuchen Sie jeden Brief nur einmal zu bearbeiten. Wenden Sie hier konsequent das „Direkt-Prinzip" an, indem Sie sofort entscheiden, wie Sie weiter vorgehen werden. Prinzipiell stehen mehrere Möglichkeiten zur Verfügung:

- *Wegwerfen:* Gewöhnen Sie sich daran, sämtliche Briefe, für die Sie keine weitere Verwendung oder keinen Bearbeitungsbedarf sehen, sofort in den Papierkorb zu werfen. Falls Sie das Schreiben tatsächlich nochmals bräuchten, lässt es sich im Notfall auch erneut beschaffen. Schieben Sie diese Entscheidung jedoch auf, bilden sich überflüssige Papierstapel, die Sie doch irgendwann wieder bearbeiten müssen – spätestens dann, wenn Ihr Schreibtisch überquillt. Beispiele hierfür sind Werbebriefe, Kongressankündigungen oder eindeutige Standardbriefe.
- *Ablegen*: Briefe, die nicht beantwortet, aber aufbewahrt werden müssen, sollten sofort abgelegt bzw. in den für die Ablage vorgesehenen Korb gelegt werden, wenn Sie die Ablage als gebündelte Tätigkeit zu einem bestimmten Termin durchführen.

- *Erledigen oder Erledigung einplanen*: Prüfen Sie, ob Sie Ihre Korrespondenz sofort beantworten können oder ob dies – z. B. auf Grund von Rückfragen oder einzuholender Informationen – erst zu einem späteren Zeitpunkt möglich ist. Überlegen Sie sich in diesem Fall, welcher Zeitpunkt für die Bearbeitung geeignet ist.

> Infobox
>
> **Überlegen Sie, ob sich bestimmte Vorgänge nicht einfacher und schneller durch ein Telefongespräch oder eine E-Mail erledigen lassen (z. B. Anfragen oder Rückfragen).**

Entwerfen Sie für die Beantwortung längerer und/oder wichtiger Briefe eine Gliederung. Notieren Sie sich zu jedem Gliederungspunkt Ideen und Stichpunkte; dadurch lässt sich die eigentliche Schreibzeit erheblich verkürzen und das Schreiben wird gewöhnlich um einiges präziser, als wenn man sogleich mit dem Ausformulieren beginnt.

Fassen Sie sich kurz. In den meisten Fällen ist es gut, wenn der Brief nicht länger als eine Seite ist. Weichen Sie nur bei wichtigen und komplexen Angelegenheiten von diesem Grundsatz ab.

Nutzen Sie konsequent die Möglichkeit von Kurzbriefen oder schreiben Sie knappe Antworten direkt auf das eingegangene Schreiben und schicken oder faxen Sie es daraufhin an den Absender zurück.

Konzentrieren Sie sich auf Ihren Adressaten und überlegen Sie sich jeweils, ob Sie alle notwendigen Informationen vollständig aufgeführt haben. Nur dann vermeiden Sie unnötige Rückfragen.

Vermeiden Sie überflüssige Wörter und Sätze. Schreiben Sie verständlich und möglichst einfach. Dies spart auch Ihrem Adressaten viel Zeit.

Arbeiten Sie mit Musterbriefen und Textbausteinen, insbesondere dann, wenn sich gleichartige Vorgänge regelmäßig wiederholen. Speichern Sie beides so ab, dass Sie es jederzeit schnell wieder finden.

Auf einen Blick

Die tägliche Korrespondenz lässt sich effizient bearbeiten, wenn Sie

- sich zusammen mit Ihrem Chef einheitliche Regelungen für das Vorsortieren seiner Post überlegen,
- jeden Brief nur einmal in die Hand nehmen und ihn entweder wegwerfen, ablegen oder bearbeiten,

- sich bei der Bearbeitung der Korrespondenz überlegen, wie wichtig der jeweilige Brief ist, und vor diesem Hintergrund entscheiden, ob Sie ihn per Post, per Telefon oder per E-Mail beantworten,
- sich überlegen, in welcher Form Sie den betreffenden Brief beantworten (fundiert und auf der Basis einer Gliederung oder ganz kurz – unter Umständen auch als Kurzbrief).
- sich bei der Beantwortung auf das Wesentliche konzentrieren und mit Musterbriefen und/oder Textbausteinen arbeiten.

3.3 E-Mails managen

E-Mails gelten mittlerweile als der größte „Zeitfresser" schlechthin. Kein Wunder, ist es doch in vielen Firmen Usus, ständig „online" und somit permanent per E-Mail erreichbar zu sein. Geht eine Mail ein, kündigt sie sich meist entweder durch ein Signal oder durch ein Aufblinken des Absenders am rechten unteren Bildschirmrand an. Die Folge ist: Egal, woran man gerade arbeitet – man schaut in die Mailbox und öffnet die gerade ankommende E-Mail. Ein konzentriertes und damit effizientes Arbeiten lässt sich dadurch kaum realisieren.

Bei jedem Wechsel in das E-Mail-Programm wird die Aufmerksamkeit von der Aufgabe, mit der man gerade beschäftigt ist, auf eine andere Tätigkeit gelenkt. Die Notwendigkeit, sich immer wieder von Neuem auf die ursprüngliche Aufgabe einzulassen, führt zu Zeit- und Konzentrationsverlusten.

In den meisten Fällen bleibt es außerdem beim Lesen oder Überfliegen der eingegangenen Mail; eine Bearbeitung erfolgt nicht. Dies hat zur Folge, dass die als „gelesen" gekennzeichnete Mail unbearbeitet im E-Mail-Berg verschwindet. Sie wird entweder vergessen oder man muss sich zu einem späteren Zeitpunkt erneut einlesen, um sie ordentlich bearbeiten zu können. Somit hätte man sich das erste Überfliegen sparen können.

Die weit verbreitete Angewohnheit, ständig auf E-Mails zu reagieren, führt somit dazu, dass man sich weder auf die eigentlich zu bearbeitende Aufgabe konzentrieren kann noch die eingehende Mail beantwortet wird.

Durch eine gezielte Anwendung des E-Mail-Programms und ein vorausschauendes Management der E-Mails lässt sich dies verhindern. Folgende Tipps können dabei helfen:

- Rufen Sie höchstens 3-mal täglich Ihre E-Mails ab. Das ist im Normalfall völlig ausreichend. Nur in wenigen Fällen ist es tatsächlich erforderlich, immer

„online" zu sein und sofort reagieren zu können. Ein Beispiel hierfür ist die Hotline einer IT-Abteilung.

- Rufen Sie Ihre E-Mails nur dann ab, wenn Sie Zeit zur Bearbeitung haben. Ansonsten tritt der oben skizzierte Effekt auf: Sie schauen sich kurz die Mails durch, diese werden als „gelesen" markiert und schon besteht die Gefahr, dass ihre Bearbeitung vergessen wird. Kommen Sie etwa gehetzt in Ihr Büro und müssen gleich zur nächsten Besprechung, hat es wenig Sinn, sich schnell die eingetroffenen E-Mails anzuschauen. Bearbeiten können Sie diese in dem Moment ohnehin nicht. Zudem könnte die Lektüre Ihnen die Konzentration auf die anstehende Besprechung rauben.

Gehen Sie bei der Bearbeitung der E-Mails nach folgendem Prinzip vor:

- Lesen und sofortiges Löschen, wenn nicht relevant,
- Lesen, Beantworten und Löschen, wenn die Mail nicht aufgehoben werden muss,
- Lesen, Beantworten und Ablegen in den entsprechenden elektronischen Ordner.

Löschen Sie konsequent sämtliche E-Mails, bei denen Sie davon ausgehen, dass Sie sie nicht mehr benötigen.

Beschränken Sie die Nutzung von Mailinglisten oder Newslettern ausschließlich auf Themen, die für Sie und Ihren Tätigkeitsbereich wichtig sind!

Legen Sie sich – neben Ihrem normalen elektronischen Ablagesystem – zwei zusätzliche Ordner an:

- „alt“: Hier können Sie zu einem bestimmten Zeitpunkt sämtliche sich noch im Posteingang befindliche und nicht abgelegte Mails einordnen.

> Infobox
>
> **Machen Sie selbst die Erfahrung: Ein leerer Posteingangsordner ist unheimlich befreiend und motivierend!**

- „to do“: Hier können Sie sämtliche noch nicht bearbeitete Mails ablegen.

Nutzen Sie die bei vielen E-Mail-Programmen zur Verfügung stehenden Spezialfunktionen wie Erinnerungs- oder Kennzeichnungsfunktion. Dies erleichtert Ihnen das Nachverfolgen, die Bearbeitung oder die Priorisierung. Typisches Anwendungsbeispiel für die Erinnerungsfunktion ist das Eintragen von Terminen, an denen die Bearbeitung der Mail erfolgen soll oder an denen eine Nachfrage nach einer Antwort erfolgen soll. Mithilfe der Kennzeichnungsfunktion lassen sich z. B. wichtige von unwichtigen, noch zu bearbeitende von schon bearbeiteten Mails unterscheiden. Auch kann man markieren, welche E-Mails noch besprochen werden müssen.

Auf einen Blick

Durch ein effizientes E-Mail-Management lässt sich viel Zeit einsparen, wenn Sie die folgenden Punkte beachten:

- Rufen Sie Ihre E-Mails höchstens 3-mal täglich ab!
- Rufen Sie Ihre E-Mails nur ab, wenn Sie tatsächlich Zeit für die Bearbeitung haben!
- Gehen Sie nach dem Prinzip vor: Lesen und dann Löschen bzw. Bearbeiten und/oder Ablegen!
- Vermeiden Sie unnötige Newsletter und Mailinglisten!
- Legen Sie sich Ordner mit der Betitelung „alt" und „to-do" an und leeren Sie regelmäßig das Posteingangsfach!
- Nutzen Sie die Funktionalitäten Ihres E-Mail-Programms!

3.4 Telefonate managen

Das Telefon erweist sich immer mehr als hartnäckiger Zeitdieb und Störfaktor im Arbeitsleben. Anrufe sind oft nicht zu steuern, eigene Gespräche finden nicht selten spontan und unvorbereitet statt. Das ist sehr schade, denn das Telefon könnte eins der effektivsten Zeitsparmittel sein, da die Übermittlung der Informationen sehr schnell erfolgt. Zudem erreichen Sie den Partner direkt und haben persönlichen Kontakt.

Nutzen Sie das Telefon daher als Zeitsparmittel und prüfen Sie vor jedem Telefonat folgende Punkte:

- Besteht wirklich der Bedarf an persönlichem Kontakt oder sind andere Medien besser geeignet, wie z. B. das Versenden einer E-Mail?
- Muss der Anruf jetzt stattfinden oder lässt er sich mit anderen notwendigen Anrufen bündeln und diese gemeinsam abwickeln oder in den ohnehin störanfälligen Bürozeiten (z. B. später Vormittag) erledigen?
- Müssen Sie im Anschluss an das Telefonat doch noch einen Brief oder ein Fax schreiben? Dann ist es vielleicht sinnvoller, gleich den Brief oder das Fax zu schreiben und gar nicht anzurufen.
- Sehen Sie Ihren Gesprächspartner innerhalb der nächsten Tage, dann überlegen Sie, ob Sie sich nicht bei dieser Gelegenheit mit ihm besprechen können.

Viele Telefonate sind jedoch äußerst wichtig und lassen sich weder verschieben noch ersetzen. Umso entscheidender ist es, diese Telefonate effizient vorzubereiten und durchzuführen:

Bündeln Sie! Notieren Sie sich – wie schon in Kap. 3.1 skizziert – in Ihr „Superbuch" sämtliche erforderlichen

Telefonate und führen Sie diese unmittelbar hintereinander durch!

Notieren Sie Name und Telefonnummer des Gesprächspartners, ebenso Grund, Argumente und Ziel des Anrufs. Vorher gemachte Überlegungen zu diesen Punkten sind wertvoller als ergebnisloses Telefonieren. Schreiben Sie sich ferner die Telefonnummer dort auf, wo Sie sie schnell wiederfinden. Am besten eignet sich die elektronische Speicherung, z. B. als Outlook-Kontakt oder in Ihr Zeitplanbuch! Wenig sinnvoll sind lose Zettel, denn nichts ist so ärgerlich und mitunter peinlich, wie wenn man die Nummer erneut einholen muss.

Legen Sie sich vor jedem Telefonat alle notwendigen Unterlagen bereit und haben Sie immer einen Telefonnotizzettel vor sich liegen, damit Sie bei Bedarf Notizen und Anmerkungen gleich weiterleiten bzw. ordentlich ablegen können.

Fassen Sie sich bei einem geschäftlichen Telefonat stets kurz! Nennen Sie gleich zu Beginn den Grund Ihres Anrufs und vergewissern Sie sich, ob der Zeitpunkt Ihres Anrufs günstig ist oder ob der Gesprächspartner gerade mit einer wichtigen Aufgabe beschäftigt ist oder zu einer Konferenz muss. In diesen Fällen vereinbaren Sie einen anderen Termin. Vermeiden Sie es auf jeden Fall, spontan zu telefonieren.

Falls Sie angerufen werden, sollten Sie die folgenden Ratschläge berücksichtigen:

Nehmen Sie ruhig den Anrufbeantworter in Gebrauch. Er kann ankommende Gespräche entgegennehmen und abspeichern. So sind Sie jederzeit erreichbar, können gegebenenfalls zurückrufen und, wenn Sie auswärts sind, aufgezeichnete Gespräche mittels Fernabfrage abhören. Sind Sie anwesend, wissen Sie, wer gerade anruft und können dann entscheiden, ob Sie abheben. Dies gilt insbesondere für die Zeit, in der Sie sich konzentriert den A- oder B-Aufgaben widmen. Soweit wie möglich sollten Sie in dieser Zeit keine Störungen von außen zulassen (vgl. hierzu auch Kap. 4). Selbstverständlich gibt es auch Berufe, die eine ständige Bereitschaft zur Annahme von Anrufen erfordern.

Kommt ein Anruf ungelegen, bitten Sie ruhig um Rückruf bzw. vereinbaren Sie einen Rückruftermin. In der Zwischenzeit können Sie Ihren Aufgaben nachgehen oder Unterlagen zusammenstellen, die für den Anruf wichtig sind. Lassen Sie sich bei einem Telefonat auch niemals blenden – weder von Titeln noch von Funktion oder Stellung Ihres Gesprächspartners. Machen Sie sich bewusst, dass es nur um den Zweck des ankommenden Anrufs geht.

Unabhängig davon, ob Sie selbst anrufen oder angerufen werden, gelten die folgenden Regeln:

- Sprechen Sie den Gesprächspartner mit Namen an und nennen Sie Ihren eigenen Namen langsam und deutlich, damit auch Ihr Gegenüber in der Lage ist, Sie mit selbigem anzusprechen und nicht noch einmal nachfragen muss.

- Bleiben Sie immer freundlich, höflich und ruhig, auch wenn Sie anderer Meinung sind als Ihr Gegenüber. Ihre Position sollten Sie dennoch unmissverständlich klar machen, jedoch immer auf einer ganz sachlichen Ebene.

- Machen Sie sich während des Gesprächs Notizen, die Sie nach dem Gespräch vervollständigen.

- Fassen Sie sich kurz und konzentrieren Sie sich auf das Wesentliche. Lassen Sie alle überflüssigen Floskeln weg und denken Sie daran, wie sehr es Sie selbst ärgert, wenn der Gesprächspartner am anderen Ende der Leitung nicht zur Sache kommt.

- Lassen Sie Ihren Gesprächspartner stets ausreden und gehen Sie auf das Gesagte ein.

- Geht es um schwierige Sachverhalte, fassen Sie die Aussagen Ihres Gesprächspartners immer kurz zusammen und vergewissern Sie sich auf diese Weise, dass Sie ihn richtig verstanden haben.

- Wiederholen Sie am Gesprächsende nochmals die wichtigsten Ergebnisse. Das gibt Ihrem Gesprächspartner und Ihnen Sicherheit und vermeidet Missverständnisse.

- Erledigen Sie erforderliche Anschlussaufgaben wie das Schicken einer E-Mail oder eines Faxes sofort! Zum einen vergessen Sie es dann nicht, zum anderen müssen Sie nicht ständig daran denken, dass Sie noch etwas Wichtiges zu erledigen haben. Ein weiterer Vorteil ist, dass Ihnen das Gespräch noch präsent ist und Sie sich nicht wieder neu hineindenken müssen.

Infobox

Falls Sie glauben, das Telefongespräch mit einem Exkurs ins Private oder über das Wetter beginnen zu müssen, um die Beziehung aufzuwärmen oder um günstigere Voraussetzungen zu schaffen, so täuschen Sie sich. Nichts verärgert oft mehr, als wenn der Gesprächspartner nicht zur Sache kommt. Ist der geschäftliche Teil abgeschlossen, können Sie hingegen ruhig noch etwas plaudern, wenn Sie das Gefühl haben, die Beziehung, die Situation und die Zeit lassen dies zu. Das gilt in dieser ausschließlichen Form natürlich nicht für alle Kulturkreise. Haben Sie Gesprächspartner in südlichen Ländern, ist es oft sogar unerlässlich, zunächst nach der Familie und dem Wetter zu fragen.

Auf einen Blick

Nutzen Sie das Telefon als wirksames Zeitsparmittel, indem Sie

- ➜ prüfen, ob ein Telefonat überhaupt erforderlich ist,
- ➜ erforderliche Telefongespräche oder Rückrufe gebündelt durchführen,
- ➜ den Anrufbeantworter in Anspruch nehmen oder Telefontermine anbieten, wenn Ihnen Anrufe ungelegen kommen,
- ➜ sich auf die wesentlichen Punkte beschränken und die Ergebnisse am Schluss noch einmal zusammenfassen,
- ➜ Telefongespräche möglichst gut vor- und sofort nachbereiten.

3.5 Besprechungen managen

„Und wenn du nicht mehr weiter weißt, dann gründe einen Arbeitskreis!" Kommt Ihnen diese Haltung bekannt vor? Die Folge sind oft unzählige Besprechungen, Workshops, Konferenzen und runde Tische, die häufig mit einem enormen, zum Teil auch unnötigen Zeitaufwand verbunden sind. Nicht selten sind sie überhaupt nicht zielführend oder effizient. Ist das der Fall, so hat es meist ganz konkrete Gründe:

- Die Ziele der Besprechung sind nicht klar definiert bzw. nicht jedem der Teilnehmer bekannt.
- Es ist keine Tagesordnung vorhanden oder sie wird erst zu Beginn der Besprechung erstellt, sodass kaum jemand ausreichend vorbereitet ist.
- Die Tagesordnung ist zwar vorhanden, wird aber nicht eingehalten. So müssen z. B. häufig die letzten Punkte vertagt werden, weil keine Zeit mehr bleibt.
- Es sind die falschen Teilnehmer eingeladen. Häufig müssen dann Mitarbeiter an der gesamten Besprechung teilnehmen, die nur bei wenigen Punkten mitreden können. Andere werden dagegen nicht hinzugezogen, obwohl sie z. B. unmittelbar mit der Thematik betraut sind. Dies geschieht nicht zuletzt deshalb, weil die betreffenden Mitarbeiter nicht derselben Hierarchieebene angehören wie die übrigen Teilnehmer.
- Die vorgesehenen Zeiten werden nicht eingehalten: Die Besprechung fängt zu spät an, das festgelegte Ende steht nur auf dem Papier. Die Folge ist, dass viele Teilnehmer zu anschließenden Besprechungen zu spät kommen.

- Es herrscht während der gesamten Sitzung eine angespannte Atmosphäre, da unterschiedliche Interessen vorliegen. Häufig wird nicht nach geeigneten Kompromissen gesucht, sondern viel Zeit auf Angriffe, Verteidigung u. Ä. verwendet.

- Die Besprechung hat keinen Leiter oder Moderator. Ist jemand vorgesehen, fehlen ihm oft die notwendigen Kenntnisse, sodass er nicht in der Lage ist, Konflikte zu entschärfen und eine sachliche, ergebnisorientierte Diskussion zu forcieren.

- Der Austausch von Informationen und Meinungen steht meist im Vordergrund. Ergebnisse und Beschlüsse werden hingegen eher selten gefasst und auf die nächste Besprechung verschoben.

- Kein schriftliches Festhalten der Beschlüsse, sodass zeitaufwändige Rückfragen notwendig sind, in denen mühsam versucht wird, die Besprechung zu rekonstruieren.

Aus welchen Gründen auch immer – viele Besprechungen sind nicht zielführend, verursachen dabei aber eine Menge Kosten. Es handelt sich in diesem Fall weniger um die Kosten für Geräte oder Raummieten. Viel stärker fallen die Gehälter der Anwesenden für die Dauer der Besprechung ins Gewicht.

Infobox

Häufig wird in der Besprechung über sehr viel geringere Kosten diskutiert als diejenigen, die durch die Besprechung selbst anfallen. Dies ist insbesondere dann der Fall, wenn die Teilnehmer eigens für diese Besprechung angereist sind.

Umso wichtiger ist eine effiziente Gestaltung von Besprechungen. Sind Sie selbst für die Durchführung zuständig, sollten Sie an folgende Punkte denken:

- Überlegen Sie, ob die Besprechung wirklich notwendig ist: Führen vielleicht ein Rundschreiben oder eine telefonische Rundfrage zu dem gleichen Ergebnis? Wird die Besprechung eher aus Gewohnheit als aus Notwendigkeit einberufen? Lässt sich die Zahl dieser Besprechungen möglicherweise reduzieren? Typische Beispiele hierfür sind regelmäßig stattfindende Mitarbeiterbesprechungen oder Projektbesprechungen, die nach einem bestimmten Rhythmus einberufen werden – unabhängig davon, ob tatsächlich etwas zu besprechen ist.

- Bereiten Sie eine Tagesordnung vor und verschicken Sie diese mindestens einen Tag vorher, sodass jeder Teilnehmer Gelegenheit hat, sich auf die Besprechung vorzubereiten.

- Setzen Sie Zeiten fest: für Beginn und Ende der Besprechung sowie – falls möglich – für jeden einzelnen Tagesordnungspunkt. Denken Sie v. a. auch daran, das Ende der Besprechung festzulegen. Jeder muss wissen, ab wann er für Anschlusstermine wieder zur Verfügung stehen kann.

- Laden Sie nur diejenigen Teilnehmer ein, die im Dienste der zu treffenden Entscheidungen tatsächlich mitwirken sollten. Jemanden nur wegen seiner Funktion einzuladen, ist wenig zielführend.

- Bereiten Sie den Raum gut vor bzw. delegieren Sie diese Aufgabe zuverlässig. Achten Sie darauf, dass alle Geräte funktionieren. Nichts ist ärgerlicher als ein Overheadprojektor, den Sie nicht kennen oder der nicht funktioniert.

- Beginnen Sie pünktlich. Signalisieren Sie damit den Unpünktlichen, dass Sie Wert auf die Einhaltung der Anfangszeiten legen und belohnen Sie die Pünktlichen.

- Entlassen Sie die Teilnehmer, deren Anwesenheit nicht mehr notwendig ist.

- Halten Sie sich konsequent an die Tagesordnung und das Zeitlimit. Gehen Sie zum nächsten Punkt über, wenn die vorgesehene Zeit verstrichen ist. Durch dieses Verfahren führen die Teilnehmer die Diskussionen automatisch konzentrierter und effektiver.

- Lassen Sie keine Unterbrechungen von außen zu und reduzieren Sie persönliche Gespräche auf ein Minimum bzw. auf die Kaffeepausen.

- Sorgen Sie für Getränke und eventuell für einen kleinen Imbiss, wenn mit langen Besprechungen zu rechnen ist.

- Halten Sie die Ergebnisse schriftlich fest. Beschließen Sie erforderliche Maßnahmen und legen Sie genau fest, wer dafür verantwortlich ist und bis wann die Maßnahme durchgeführt werden muss. Lassen Sie nicht zu, dass die Besprechung ohne Ergebnis verläuft. Vermeiden Sie allerdings, dass Personen, die bei der Besprechung nicht anwesend sind, durch das Protokoll erfahren, mit welchen Aufgaben sie betraut werden. Selbige Vorgehensweise kann nämlich sehr demotivierend wirken.

- Beenden Sie die Besprechung pünktlich und vereinbaren Sie, wenn nötig, einen Folgetermin.

- Lassen Sie ein Protokoll abfassen und verschicken Sie es an die Teilnehmer. Beachten Sie, dass alle Entscheidungen, Termine und weiteren Punkte kurz festgehalten werden. Dies ist letztlich auch für diejenigen wichtig, die nicht teilnehmen konnten.

> Infobox
>
> **Am Ende einer Besprechung sollte immer klar sein: WER tut WAS bis WANN?**

Werden Sie als Teilnehmer zu einer Besprechung eingeladen, sollten Sie vorab prüfen,

- ob die Besprechung für Sie und Ihren Aufgabenbereich wirklich wichtig ist (Scheuen Sie sich nicht, unwichtige Besprechungen abzusagen.),
- ob Sie selbst teilnehmen müssen oder ob Sie einen Vertreter schicken können,
- ob Sie nach Möglichkeit nur an einem Teil der Besprechung teilnehmen können,
- ob Sie gut vorbereitet sind: Wissen Sie genau, worum es in der Besprechung geht? Haben Sie die notwendigen Informationen und Unterlagen zur Hand? Besitzen Sie die Tagesordnung?

Unabhängig davon, ob Sie eine Besprechung selbst organisieren oder zu einer Besprechung eingeladen werden, fällt in der Regel eine Nachbereitug an (z. B. Zusammenfassung der wichtigsten Ergebnisse, Durchsicht und Ablage der erhaltenen Unterlagen, Weiterleitung von Informationen für andere Teilnehmer, Abrechnung der Reisekosten etc.). All diese Folgearbeiten sollten möglichst zeitnah durchgeführt werden. Hier gilt Ähnliches wie beim Telefonieren: Man sollte immer darauf achten, dass die Erinnerung an die Besprechung noch frisch ist, dann vergisst man nichts und schiebt die nachbereitenden Tätigkeiten nicht wie einen Berg unerledigter Aufgaben vor sich her.

Auf einen Blick

Besprechungen sind wichtig, können allerdings ineffizient werden, wenn sie zu oft, nicht zielorientiert, schlecht vorbereitet und/oder mit den falschen Teilnehmern durchgeführt werden. Effizient gestalten lassen sich Besprechungen, wenn

- ➜ sie auf ein absolut notwendiges Maß reduziert werden,
- ➜ bei der Organisation bestimmte Grundsätze wie Einladung, Zeitmanagement, Tagesordnung, Protokoll bedacht werden,
- ➜ bei der Einladung zu einer Besprechung geprüft wird, ob die Teilnahme tatsächlich erforderlich ist und – falls ja – ob während der gesamten Zeit,
- ➜ erforderliche Folgearbeiten zeitnah erledigt werden.

4. Die Zeit im Griff haben

Wie eingangs definiert, bedeutet effizientes Arbeiten, innerhalb einer bestimmten zur Verfügung stehenden Zeitspanne möglichst viele Aufgaben zu erledigen oder für die Erledigung einer bestimmten Aufgabe möglichst wenig Zeit zu beanspruchen. Für ein effizientes Arbeiten spielt daher das Zeitmanagement im Sinne einer sinnvollen Einteilung der zur Verfügung stehenden Zeit eine ganz entscheidende Rolle. Im Einzelnen geht es dabei v. a. um:

- die Einteilung des Arbeitstages,
- die sinnvolle Nutzung organisatorischer Hilfsmittel wie Zeitplanbuch oder Kalender,
- den Umgang mit so genannten „Zeitfressern" oder Zeitdieben.

4.1 Den Arbeitstag geschickt einteilen

Das Telefon klingelt, der Kollege steht im Türrahmen, der Kunde wartet auf einen Rückruf, auf dem Computer ist eine wichtige E-Mail für Sie eingegangen, in zehn Minuten beginnt die Besprechung, für die Sie gerade die erforderlichen Unterlagen suchen. Sie kennen dieses Szenario bestimmt, bei dem man sich am liebsten zerteilen würde und nicht weiß, wo einem der Kopf steht. Abends ist man dann einerseits erschöpft, andererseits ärgert man sich, weil man mit dem wichtigen Projektabschlussbericht keinen einzigen Schritt weitergekommen ist.

Häufig sind wir zwar den ganzen Tag beschäftigt, wichtige Aufgaben bleiben dennoch liegen oder werden abends bzw. am Wochenende erledigt. Durch ein gezieltes Zeitmanagement lässt sich dieser Zustand jedoch vermeiden:

Planen Sie Ihren Arbeitstag bzw. Ihre Arbeitswoche ganz bewusst und führen Sie sich dabei die Prioritäten (was ist wichtig, was ist dringend?) täglich vor Augen.

In Abhängigkeit des jeweils zugrunde liegenden Aufgabentyps (A-, B-, C- oder D-Aufgabe) haben Sie in Kap. 3.1 drei Strategien der Prioritätensetzung kennen gelernt:

- Strategie der Konzentration für A- und B- Aufgaben
- Strategie der Bündelung für C-Aufgaben
- Strategie der Delegation für C- und D-Aufgaben.

Neben diesen Aufgaben, die in der Regel das Tagesgeschäft sowie zusätzliche Projektaufgaben betreffen, sind Sie häufig mit Spontanaufgaben konfrontiert.

Vor diesem Hintergrund sollten Sie sich jeden Tag einen gewissen Zeitraum – eine so genannte „stille Stunde" – für die Konzentration auf A- und B-Aufgaben einplanen.

Auch ist es sinnvoll, Zeiträume festzulegen, in denen Sie ähnliche C-Arbeiten bündeln und anschließend im Block erledigen. Schließlich sollten Sie jeden Tag bestimmte Reservezeiten freihalten, um die Spontanaufgaben bewältigen zu können.

Infobox

„Stille Stunde" heißt nicht, dass es sich tatsächlich um genau 60 Minuten handeln muss. Es geht vielmehr darum, dass ein gewisser Zeitraum zur Verfügung steht, in dem man konzentriert an einer Aufgabe arbeiten kann – es kann sich dabei um eine halbe Stunde genauso gut handeln wie um 2 Stunden.

Eine detailliertere Planung, welche Tätigkeiten in welcher Stunde absolviert werden müssen, ist in den meisten Fällen weder realisierbar noch zielführend. Dies gilt v. a. für den üblichen Office- oder Sekretariatsbetrieb, in dem zum einen eine Vielzahl unvorhergesehener Aufgaben und Tätigkeiten auftreten kann, zum anderen der Anteil der fremd bestimmten Aufgaben häufig höher ist als derjenige der selbst bestimmbaren Aufgaben. Lassen sich die in einer detaillierten Zeitplanung aufgeführten Tätigkeiten und Zeiten nicht einhalten, beginnt ein Arbeiten gegen die eigenen Pläne, was auf Dauer sehr frustrierend sein kann – nicht zuletzt deshalb, weil die in eine detaillierte Zeitplanung gesteckte Mühe letztlich umsonst war.

Frau Nico aus den obigen Beispielen hat sich den heutigen Tag genau eingeplant:

8.00 – 8.15	Aufschließen des Schreibtischs, Computer starten, Wiedervorlage durchsehen
8.15 – 9.30	Eingangspost bearbeiten
9.30 – 10.30	Telefonate erledigen
10.30 – 12.30	Projektabschlussbericht korrigieren etc.

Um 9.15 Uhr kommt allerdings ihr Chef und bittet sie, ihm bei der Erstellung eines Kundenrundschreibens zu helfen. Um 10.00 Uhr erreicht sie der Anruf, dass sie den Besprechungsraum vorbereiten muss, da um 10.30 Uhr eine kurzfristig angesetzte Besprechung stattfinden wird. Der von ihr detailliert erstellte Zeitplan ist damit hinfällig; sie muss sich um andere Tätigkeiten kümmern und arbeitet gegen ihren Plan und damit in gewisser Weise gegen sich selbst.

Bei einer gut geführten Aufgabenliste (vgl. Kap. 3.1) und einer Organisationsmappe (vgl. Kap. 2.2), in der z. B. alle gebündelt zu erledigenden Tätigkeiten eingeordnet werden, reicht es, Zeiträume für die Durchführung von A- und B-Aufgaben sowie für die gebündelten C-Aufgaben einzuplanen und dabei genug Zeitpuffer zu berücksichtigen.

Wie Frau Nicos Zeitplan unter Berücksichtigung dieser Prämissen aussehen könnte, sehen Sie im Folgenden:

8.00 – 9.00	Korrektur am Projektabschlussbericht (= A-Aufgabe)
9.00 – 12.00	Gebündelte Tätigkeiten wie Telefonate, Post etc.

Die Unterbrechungen um 9.15 Uhr und 10.00 Uhr würden ihre Planung dann nicht gänzlich zunichte machen, da sie sich für diesen Zeitraum ohnehin Routinetätigkeiten vorgenommen hat. Zudem fühlt sie sich sehr motiviert, da sie sich am frühen Morgen, der ruhigsten Phase Ihres Büro-Alltags, schon mit einer wichtigen A-Aufgabe auseinander gesetzt hat.

Um mit der Bearbeitung der A- und B-Aufgaben weiterzukommen, empfiehlt sich die Einrichtung einer persönlichen Fixzeit, während der keine Störungen auftreten sollten. Man ist oft erstaunt, was in einer oder eineinhalb Stunden geleistet werden kann, wenn man sich ausschließlich auf die Bearbeitung einer Aufgabe konzentriert. Je nach persönlicher Leistungskurve und individueller Störkurve, auf die gleich näher eingegangen wird, sollte diese „stille Stunde" am Morgen oder am späteren Nachmittag liegen.

Realisieren Sie sich Ihre „stille Stunde", indem Sie

- konsequent den Anrufbeantworter nutzen bzw. bei Anrufen darauf hinweisen, dass Sie jetzt gerade keine Zeit haben, später aber gerne zurückrufen,

- die Möglichkeit der Weiterleitung des Anrufs nutzen und Gespräche an Ihre Kollegin oder an Ihren Kollegen durchstellen,
- die Tür schließen. Eine stets offene Bürotür mag vielleicht für Ihre Kollegen und Mitarbeiter sehr gut sein, aber sie birgt in bestimmten Phasen ein erhebliches Ablenkungspotenzial.
- sich für die „stille Stunde" in einen Raum zurückziehen, in dem keine häufig frequentierten Geräte wie Kopierer oder Kaffeemaschine stehen.

> Infobox
>
> **Notieren Sie eingehende Anrufe mit Namen und Telefonnummer gleich in ihr „Superbuch", dann geht nichts verloren und Sie können sich der eigentlichen Aufgabe wieder zuwenden.**

> Infobox
>
> **Handhaben Sie diese Fixzeit wie eine wichtige Konferenz oder Besprechung, bei der es ganz selbstverständlich ist, dass Sie nicht gestört werden dürfen. Machen Sie sich klar, dass es sich in gewisser Weise um einen wichtigen Termin mit sich selbst handelt, zu dem Sie sich ausschließlich um die für Sie bedeutsamen Aufgaben kümmern.**

Ist es Ihnen gelungen, in Ihrer persönlichen „stillen Stunde" konzentriert an einer A- oder B-Aufgabe zu arbeiten, werden Sie die Bearbeitung gebündelter Routinetätigkeiten sehr viel motivierter angehen.

Dennoch sollte nicht der ganze Tag für die konzentrierte Bearbeitung von A- und B-Aufgaben und die gebündelte Abwicklung von C-Aufgaben eingeplant werden. Neben der täglichen Arbeit im Tages- und Projektgeschäft gibt es – wie oben angesprochen – gerade im Office-Betrieb viele unvorhergesehene Tätigkeiten. Sie können zu Stress und Zeitdruck führen, wenn nicht von vornherein Zeiten für ihre Bearbeitung eingeplant wurden. Wenden Sie daher konsequent ein klassisches Zeitmanagement-Prinzip an – die „60/40-Regel"! Maximal 60 % der zur Verfügung stehenden Zeit sollen fest verplant werden; 40 % müssen für unvorhergesehene Aufgaben bzw. Spontanaufgaben freigehalten werden.

Infobox

Eine Variante der „60/40-Regel" empfiehlt: 60 % verplanen, 20 % für unvorhergesehene Aufgaben und Schwierigkeiten und 20 % für Chancen, wie spontane Ideen, Gelegenheiten, Kontaktpflege oder ähnliche informelle Aufgaben vorsehen.

Auch wenn dies gerade im normalen Office-Betrieb kaum realisierbar ist, da der Anteil an unvorhergesehenen Aufgaben häufig sogar mehr als 40 % ausmacht, sollte man sich dennoch auch diese Option offen halten.

Stellen Sie sich vor, ein ehemaliger Kollege kommt und möchte mit Ihnen kurz einen Kaffee trinken. Im Sinne der Kontaktpflege dient dieses Treffen auch Ihren eigenen Interessen sowie denjenigen der Firma. Bei einer konsequenten Anwendung der „60/40-Regel" lässt es sich meist auch realisieren, ohne dass anstehende Projekte darunter leiden müssen.

Für ein effizientes Arbeiten ist nun entscheidend, zu welchen Zeitpunkten welche Arbeitsphasen eingeplant werden sollten. Diese Frage ist primär abhängig von der persönlichen Leistungskurve sowie von der individuellen Störkurve des Büros.

Unsere Leistungsfähigkeit unterliegt tagsüber gewissen Schwankungen, die sich gezielt nutzen lassen. Sie kennen dies sicher: Es gibt Zeiten, in denen Sie sehr leistungsfähig sind und konzentriert arbeiten können, und es gibt Momente, in denen dies kaum möglich ist. Trotz aller individuellen Unterschiede unterliegen die Schwankungen in der Leistungskurve einem gewissen natürlichen Tagesrhythmus:

In der Regel liegt der Leistungshöhepunkt am Vormittag. Nach dem Mittagessen schließt sich das bekannte Nachmittagstief an. Am frühen Abend kommt es noch einmal zu einem – allerdings gegenüber morgens stark gedämpften – Hoch. Danach fällt jedoch die Leistung kontinuierlich ab; gegen Mitternacht ist der Tiefpunkt erreicht. Am frühen Morgen, etwa zwischen 4.00 Uhr und 6.00 Uhr, steigt die Konzentrationsfähigkeit der meisten Menschen wieder rapide an.

Infobox

Noch detaillierter werden diese Schwankungen durch die so genannte REFA-Normkurve aufgezeigt: Um 6 Uhr morgens liegen 100 % Leistungsfähigkeit vor, die sich am Vormittag gegen 10.00 Uhr auf über 130 % steigern. Gegen 15.00 Uhr sinkt die Leistungskurve dann wieder auf 100 % ab, steigt ab 16 Uhr wieder leicht an, um gegen 20 Uhr einem zweiten Tageshöhepunkt mit etwa 115 % entgegenzugehen. Ab dann geht es stetig bergab: Bis zum Tiefpunkt um 4.00 Uhr mit etwa 50 %. Zwischen 4.00 Uhr und 6.00 Uhr steigt die Leistungsbereitschaft dann wieder rapide auf 100 %. Bei diesen Werten handelt es sich natürlich um Durchschnittswerte.

Der Schwerpunkt der Leistungs- und Konzentrationsfähigkeit ist sicherlich bei jedem Menschen etwas anders gelagert. Manche sind morgens fit, andere können abends Berge versetzen. In diesem Zusammenhang wird auch von „Morgenmenschen" und „Abendmenschen" gesprochen. Frühaufsteher haben ihre Leistungshochs und -tiefs natürlich zu anderen Zeiten als diejenigen, die v. a. abends konzentriert arbeiten können. Jeder von uns muss sich diese persönlichen Schwankungen bewusst machen.

Die meisten Menschen wissen genau, ob sie eher morgens oder abends konzentriert arbeiten können. Sollten Sie sich nicht darüber im Klaren sein, helfen Ihnen vielleicht folgende Fragen:

> Infobox
>
> **Morgenmenschen werden übrigens als „Lerchen" und Abendmenschen als „Eulen" bezeichnet.**

- Wann werde ich müde?
- Wann bin ich intellektuell besonders rege und aufnahmefähig?
- Wann fühle ich mich am wohlsten?
- Wann nehmen die Probleme beim Anpacken und Abwickeln von Tätigkeiten zu?

Kennen Sie Ihren persönlichen Biorhythmus, dann sollten Sie Zeiten des Leistungshochs für konzentriertes Arbeiten an A- und B-Aufgaben nutzen und die Abwicklung gebündelter C-Tätigkeiten dann einplanen, wenn Sie eher ein Leistungstief haben.

> Infobox
>
> **Morgenmenschen sollten ihre „stille Stunde" in den frühen Morgen legen; Abendmenschen sollten sich am späten Nachmittag oder frühen Abend für konzentriertes Arbeiten zurückziehen.**

Schwierig wird es allerdings dann, wenn genau zu den Zeiten Ihres Leistungshochs die Störungen im Büro besonders stark sind. Denn genauso wie es eine Leistungskurve gibt, die den Verlauf der individuellen Leistungsfähigkeit wiedergibt, existiert eine so genannte Störkurve, die den zeitlichen Verlauf der Störungsintensität im typischen Büro-Alltag wiedergibt.

Es zeigt sich immer wieder, dass die Gefahr, von anderen gestört zu werden, im Verlauf eines Tages unterschiedlich hoch ist und es typische störungsarme und störanfällige Zeiten gibt. Zu den störungsarmen Zeiten zählt die Phase vor 8.00 Uhr, dann nehmen die Störungen leicht zu, sind von 10.00 Uhr bis 12.00 Uhr am höchsten, fallen dann – während der Mittagspause – stark ab, um zwischen 14.00 Uhr und 16.00 Uhr nochmals anzusteigen. Zwischen 16.00 Uhr und 17.00 Uhr fallen sie bereits leicht ab und sind ab 17.00 Uhr wieder sehr gering.

Es liegt nahe, dass in der störungsarmen Zeit die wichtigsten Aufgaben erledigt werden sollten, während in der störanfälligen Zeit die weniger wichtigen Aufgaben im Vordergrund stehen. Für das individuelle Zeitmanagement bedeutet dies:

- Zeiträume für konzentriertes Arbeiten sollten in störungsarme Zeiten fallen,
- Zeiträume für gebündeltes Arbeiten an Routinetätigkeiten in störanfällige Zeiten.

Ideal ist es, wenn individuelle Leistungskurve und Störkurve einigermaßen übereinstimmen und es gelingt, an den wichtigsten Aufgaben in den leistungsstarken und störungsarmen Zeiten zu arbeiten.

Frau Nico z. B. ist morgens am leistungsfähigsten. Da in dieser Zeit auch mit den geringsten Störungen zu rechnen ist, hat sie ihre „stille Stunde" auf den Zeitraum zwischen 7.00 Uhr und 9.00 Uhr gelegt; Frau Müller hingegen kann sich morgens überhaupt nicht konzentrieren und kommt erst gegen 9.00 Uhr. Da dann die störanfälligeren Zeiten beginnen, erledigt sie zunächst Routinetätigkeiten und zieht sich gegen 17.00 Uhr zurück, um noch eine Stunde an ihren A-Aufgaben zu arbeiten. Bei Herrn Alexo stellt es sich wieder anders dar: Er hat sein Leistungshoch mittags – meist zwischen 13.00 Uhr und 15.00 Uhr. Da in dieser Zeit auch die Störungen im Büro wieder abnehmen, hat er sich angewöhnt, schon um 12.00 Uhr zum Mittagessen zu gehen, um von 13.00 Uhr bis 14.00 Uhr konzentriert an einer A- oder B-Aufgabe arbeiten zu können. In dieser Zeit ist der Anrufbeantworter an, denn er könnte ja gerade zu Tisch sein.

Wann die Zeiträume für konzentriertes bzw. gebündeltes Arbeiten eingeplant werden, hängt letztlich von Ihren persönlichen Präferenzen, Ihrer individuellen Leistungsfähigkeit sowie von der Störkurve in Ihrem Büro ab! So hat es z. B. wenig Sinn, zwischen 11.00 Uhr und 13.00 Uhr konzentriert zu arbeiten, wenn bekanntermaßen in dieser Zeit ständig das Telefon klingelt.

Auf einen Blick

Effizientes Arbeiten hat viel mit Zeitmanagement zu tun. Beherzigen Sie dabei folgende Hinweise:

- → Vermeiden Sie eine allzu detaillierte Tagesplanung!
- → Lassen Sie eine großzügigere Tagesplanung zu und beschränken Sie sich darauf, Zeiten für konzentriertes Arbeiten (z. B. für A- und B-Aufgaben, Projektaufgaben etc.) und Zeiten für gebündeltes Arbeiten (z. B. für C-Aufgaben) einzuplanen!
- → Richten Sie sich dabei ausreichende Zeitpuffer ein, um Zeit für spontane Aufgaben – aber auch spontane Ideen und Aktionen – zu haben!
- → Denken Sie dabei an die „60/40-Regel": maximal 60 % verplanen und 40 % offen halten!
- → Planen Sie unter Berücksichtigung Ihres eigenen Rhythmus und haben Sie bei der Terminierung der Zeiträume für konzentriertes und gebündeltes Arbeiten Ihre individuelle Leistungskurve sowie die Störkurve des Büros im Blick!
- → Darauf kommt es an: konzentriertes Arbeiten im Leistungshoch mit möglichst geringer Störanfälligkeit im Büro; gebündeltes Arbeiten eher in Leistungstiefs und zu störanfälligeren Zeiten!

4.2 Umgang mit Zeitdieben

Die beste – auf die persönlichen Bedingungen und die Bedingungen im Büro abgestimmte – Zeitplanung nützt nichts, wenn ständig Zeitdiebe oder „Zeitfresser" auftauchen und Ihnen wertvolle Minuten stehlen. Um sie auszuschalten oder wenigstens zu reduzieren, sollten Sie sich zunächst einmal näher mit ihnen auseinandersetzen. Zwei Schritte sind hierfür erforderlich: 1. Analyse der Zeitdiebe (Welche Zeitdiebe stehlen meine Zeit?), 2. Durchführung von Gegenstrategien (Was kann ich dagegen tun?).

Analyse der Zeitdiebe

Der Umgang mit Zeitdieben gelingt nur, wenn bekannt ist,

- um welche Störfaktoren es sich in Ihrem Fall genau handelt und
- in welcher Intensität sie vorhanden sind.

Um das analysieren zu können, sollte einen Tag oder eine Woche lang ein so genanntes Zeit-Tagebuch geführt werden, in das sowohl alle angefallenen Aufgaben als auch das darauf verwendete Zeitvolumen sowie die erfolgten Störungen eingetragen werden.

Ein derartiges Zeit-Tagebuch finden Sie in exemplarischer Form auf der nächsten Seite:

Tätigkeit	Priorität	Störungen	Ursache	von-bis	Dauer

Ganz links in die Spalte „Tätigkeit" werden alle durchgeführten Tätigkeiten mit den jeweiligen Anfangs- und Endzeiten notiert. So sehen Sie am Abend, was Sie den ganzen Tag über gemacht haben und wie lange es jeweils – einschließlich Unterbrechungen – gedauert hat.

Unter „Störungen" fallen etwa Telefon, interne oder externe Besucher, Sitzungen und Besprechungen, Terminüberschreitungen, Terminkollisionen, Termindruck auf Grund unvorhergesehener Ereignisse, Chaos auf Ihrem Schreibtisch, Korrespondenz, Lektüre etc. Eine genauere Analyse dieser zahlreichen Störfaktoren finden Sie im weiteren Verlauf des Kapitels.
Überlegen Sie sich dann die Ursache der zeitlichen Verzögerungen und tragen Sie diese ebenfalls in das entsprechende Feld der Tabelle ein. Typische Ursachen sind: mangelnde Planung, zu langer Arbeitstag, keine schriftliche Planung, unergiebige, zu lange und zu wenig vorbereitete Sitzungen, unzureichendes Delegieren, unklare Verteilung der Verantwortung, mangelnde Prioritätensetzung, fehlende Kommunikation, zu späte Information, Nicht-nein-sagen-Können, unzureichende Selbstdisziplin, mangelnde Konzentration, unangemeldete Be-

sucher, keine klaren Zielsetzungen etc. Auch auf diese Faktoren wird unten noch näher eingegangen werden. In das Feld „von–bis" notieren Sie die jeweilige Uhrzeit der Störung, bei „Dauer" können Sie die Minutenzahl der Störungen eintragen. Wenn Sie anschließend die Zahlen der Spalte „Dauer" addieren, sehen Sie die Gesamtdauer der Störungen eines Tages.

Führen Sie diese Tagesaufzeichnungen eine Woche lang konsequent, lückenlos und selbstkritisch durch, dann haben Sie einen guten Überblick über Ihre persönlichen Zeitdiebe.

Infobox

Bei der ausgewählten Woche sollte es sich allerdings um eine für Ihr Arbeitsverhalten und Ihre Tätigkeiten typische Woche handeln, sodass die Aufzeichnungen den normalen, durchschnittlichen Arbeitsanfall tatsächlich wiedergeben. Sonst kommt es leicht zu Verzerrungen.

Was sind nun typische „Zeitfresser" bzw. Störfaktoren? Prinzipiell lassen sich intern bedingte und extern verursachte „Zeitfresser" unterscheiden. Zu den intern bedingten zählen:

- Perfektionismus,
- fehlende Motivation,
- Nicht-nein-sagen-können,

- blockierender Stress auf Grund des Gefühls, eine Tätigkeit nicht termingerecht fertig zu bekommen,
- fehlendes Setzen von Prioritäten (vor dem Wichtigen muss noch schnell das Dringende erledigt werden),
- persönliche Probleme und Sorgen,
- leichte Ablenkbarkeit,
- Müdigkeit und fehlende Energie,
- Fehlen von Zielen und Planung,
- ständiges Aufschieben von Aufgaben und Tätigkeiten,
- Multi-Tasking,
- zu lange Einarbeitungszeiten,
- Projekt oder Aufgabe erscheint zu komplex und zu mühsam,
- mangelnder Überblick über die anstehenden Aufgaben.

Zu den extern verursachten „Zeitfressern" zählen:

- eingehende Telefonate,
- unangemeldete Besucher,
- nicht eingeplante und/oder langwierige Besprechungen,
- E-Mails,
- nicht funktionierende technische Infrastruktur,
- ständige Hintergrundmusik,
- Baulärm,
- unstrukturierter und unaufgeräumter Arbeitsplatz,
- zu lange andauernde Gespräche,
- nicht vorhandene oder unstrukturierte Ablage,

- Missbrauch des Büros als Kommunikationstreffpunkt,
- Spontanaufgaben,
- uninteressante oder unwichtige Themen,
- unnötige Wartezeiten bei Terminen.

Auf einen Blick

Die beste Planung und Einteilung des Tages nützt nichts, wenn es Zeitdiebe gibt, die einem wertvolle Zeit stehlen und die Planung wieder zunichte machen. Um sie zu beherrschen, sollte man

→ eine Woche lang sich selbst beobachten und ein Zeit-Tagebuch führen, in das man die jeweiligen Tätigkeiten sowie aufgetretene Störungen konsequent einträgt,

→ sich dabei schon über die Ursache der Störungen Gedanken machen und

→ überlegen, ob es sich eher um intern bedingte oder extern verursachte Störungen handelt.

Infobox

Der größte „Zeitfresser" sind wir übrigens häufig selber, da wir uns von Zeit zu Zeit selbst im Wege stehen und verhindern, dass sich unsere eigenen Pläne realisieren. Viele Dinge packen wir einfach nicht zügig und konsequent genug an – sei es aus latenter Faulheit oder aus falscher Schüchternheit. Diese Barriere zu überwinden, ist ein wichtiger Schritt zum perfekten Zeitmanagement.

Gegenstrategien

Kommt Ihnen der eine oder andere oben genannte Zeitdieb bekannt vor? Dann überlegen Sie sich, welche der folgenden Gegenstrategien in Ihrem Fall geeignet ist.

1. Pareto-Prinzip: Sie neigen zum Perfektionismus und möchten die Aufgaben immer 100-prozentig lösen? Dann denken Sie nochmals an das in Kap. 1.3 vorgestellte Pareto-Prinzip: Mit 20 % des Aufwands lassen sich im Durchschnitt bereits 80 % des Ergebnisses erzielen. So werden z. B. in 20 % der Zeit 80 % der Produkte hergestellt oder in 20 Minuten Diskussion 80 % der Ergebnisse einer 100-minütigen Sitzung herbeigeführt.

Gleichzeitig bedeutet dies, dass man sich in der restlichen Zeit häufig abmüht, die letzten 20 % noch zu erreichen. Hätte man sich allerdings mit einer 80-prozentigen Lösung zufrieden gegeben, hätten 80 % des Aufwands eingespart werden können.

Wie oft kommt es vor, dass 80 % des Ergebnisses eigentlich gereicht hätten und trotzdem 100 % geliefert wurden. Wenn genügend Zeit vorhanden ist, ist dies kein Problem. Wenn nicht, ist allerdings zu überlegen, ob nicht 80 % oder 90 % ausreichend sind. Denn jede weitere Aufgabe leidet unter dem zusätzlichen Aufwand für die vorliegende Aufgabe und für die zuletzt angesetzte bleibt vielleicht gar keine Zeit mehr übrig.

Ein Beispiel hierfür ist die Erstellung einer Präsentation. Um die wichtigsten Aussagen und Informationen zu verdeutlichen oder in einem Brief zu formulieren, ist oft gar nicht so viel Zeit erforderlich. Wenn man diese Aussagen dann aber noch farblich markiert oder mit Animationen und Bildern versieht, um sie visuell perfekt darzustellen, wird oft sehr viel mehr Zeit investiert. Zeit, die der Adressat oft gar nicht wertschätzt, da es aus seiner Sicht v. a. um den Inhalt und weniger um die Form geht.

2. Konzentration und Bündelung: Die meisten „Zeitfresser" lassen sich durch die in Kap. 3.1 erläuterten Strategien der Konzentration und Bündelung ganz gut beherrschen. So stellen E-Mails z. B. kein zeitliches Problem dar, wenn sie 3-mal täglich gebündelt bearbeitet werden. Leichte Ablenkbarkeit lässt sich etwa durch einen leeren Schreibtisch sowie konzentriertes Arbeiten an einer Sache vermeiden. Welche Möglichkeiten es gibt, die Konzentrationsfähigkeit zu trainieren und zu verbessern, wird in Kap. 7.1 eingehender erläutert.

3. Nein sagen: Die Erfahrung zeigt: „Nein" zu sagen ist gar nicht so einfach. Um Zeitdiebe wie Spontanaufgaben oder unangemeldete Telefonate und Besucher in Grenzen zu halten, ist diese Kunst jedoch extrem wichtig.

Darüber hinaus zeigt ein „Nein" den anderen, dass man weiß, was man will. Ein „Nein" ist auch ein Zeichen dafür, dass man bewusst über die eigene Zeit und die eigenen Aufgaben entscheidet. Schließlich zeigt jedes „Nein", dass man für seine Arbeit und die darauf verwendete Zeit Verantwortung übernimmt.

Gewöhnen Sie sich daher an, tatsächlich „Nein" zu sagen, wenn Sie „Nein" sagen möchten oder vor dem Hintergrund Ihrer Aufgaben und Ihrer Prioritäten „Nein" sagen sollten. Allerdings kann man dies auf unterschiedliche Weise tun:

- Sagen Sie nicht: „Ich schaffe das nicht", sondern formulieren Sie: „Das wird frühestens morgen fertig. Ist dies ausreichend oder möchten Sie sich noch einmal mit Herrn Schuster abstimmen, ob sein Vertragsentwurf bis morgen warten kann?"
- Sagen Sie nicht: „Das mache ich nicht", sondern: „Das passt jetzt überhaupt nicht in mein Arbeitsgebiet. Wer arbeitet denn sonst an Themen dieser Art? Ich habe weder die erforderlichen Informationen noch bin ich auf dem neuesten Stand der Entwicklung."
- Sagen Sie nicht: „Ich habe gerade so viel zu tun", sondern werden Sie konkret: „Im Moment liegen hier noch der Vertragsentwurf sowie die Projektabschlussarbeit. Hierfür benötige ich den heutigen Tag und morgen sieht es nicht viel besser aus."

Frau Nico wird kurzfristig gebeten, eine Präsentation zu erstellen. Da dies mit ihren übrigen Aufgaben dieses

Nachmittags zeitlich nicht vereinbar ist, sagt sie: „Wenn die Präsentation heute noch fertig werden soll, muss Ihre Reisekostenabrechnung bis morgen warten. Stellt das für Sie ein Problem dar, dann kann sich auch Frau Müller um die Präsentation kümmern."

> Infobox
>
> **Sie sehen, man kann das Nein-Sagen gezielt erlernen. Meist muss man dabei das Wörtchen „Nein" gar nicht verwenden.**

4. Konsequente Anwendung der Tipps (im Zusammenhang mit Telefonaten, Besprechungen, E-Mails und bestimmten Aufgaben): Viele der genannten „Zeitfresser" lassen sich bereits ausschalten bzw. beherrschen, wenn Sie die in Kap. 3 dargestellten Tipps und Methoden konsequent umsetzen. So lassen sich z. B. Störungen durch Telefongespräche reduzieren, wenn der Anrufbeantworter eingeschaltet wird, Rückrufe vereinbart werden, eingehende Anrufe weitergeleitet werden oder ausgehende Anrufe gebündelt abgearbeitet werden.

Neben diesen übergreifenden Gegenstrategien gibt es eine Vielzahl einzelner Tipps und Tricks, um bestimmte „Zeitfresser" besser beherrschen zu können:

- Schlagen Sie frühzeitig andere Ansprechpartner vor, wenn Sie mit uninteressanten oder unwichtigen Themen konfrontiert werden. Kommt eine telefonische Anfrage zu einem Bereich, mit dem Sie gar nichts zu tun haben, sollten Sie dies möglichst schnell deutlich machen und ganz klar sagen, dass Sie nicht der richtige Ansprechpartner sind, dass der zuständige Kollege (namentlich nennen!) aber gerne weiterhilft.

- Vereinbaren Sie mit unangemeldeten Besuchern einen Alternativtermin bzw. machen Sie deutlich, dass Sie gerade keine Zeit haben, da Sie an einer wichtigen A-Aufgabe arbeiten, jedoch gerne bereit sind, in etwa einer Stunde über diesen Punkt zu sprechen.

> Infobox
>
> **Denken Sie an die Schilder in Hotels mit der Aufschrift: „Bitte nicht stören." Überlegen Sie, ob sich diese nicht auch im täglichen Büro-Alltag für eine begrenzte Zeit einsetzen ließen?**

- Passen Sie Ihre eigenen Arbeitszeiten an, wenn Sie durch Baulärm oder Ähnliches gestört werden. So sollte man etwa nicht unbedingt genau dann zum Mittagessen gehen, wenn an der Baustelle nebenan ebenfalls Mittagspause gemacht wird.

- Überlegen Sie sich bei auftauchenden kleineren privaten Problemen, was sie im Augenblick wirklich zur Lösung beitragen können. Formulieren Sie diesbezügliche Stichpunkte und machen Sie sich anschließend klar, dass Sie gegenwärtig nichts anderes tun können, als sich auf Ihre Aufgaben zu konzentrieren. Wenn Sie das machen, werden Sie danach auch mehr Zeit zur Lösung Ihrer Probleme haben.

- Lassen Sie aufkommenden Ärger zu; überlegen Sie kurz, ob Sie jetzt etwas tun können; tun Sie es und versuchen Sie sich anschließend wiederum zu konzentrieren. Ärgern Sie sich z. B. maßlos über einen Kollegen, der Sie gestern in der Mitarbeiterbesprechung angegriffen hat, dann überlegen Sie: „Was kann ich tun? Ihn vielleicht kurz anrufen und um ein Gespräch am Nachmittag bitten?" Mehr wird nicht möglich sein und Sie sollten sich daher wieder auf Ihre eigentlichen Aufgaben konzentrieren.

- Wenden Sie die Zettel- oder Notiztechnik an, wenn die Gedanken zu sehr abschweifen! Schreiben Sie sich – z. B. in Ihr „Superbuch" – auf, was Ihnen in diesem Moment wichtig ist und versuchen Sie, sich anschließend wieder auf das Wesentliche zu konzentrieren. Während der Durchsicht eines Vertragsentwurfs fällt Ihnen z. B. ein, dass Sie auf keinen Fall vergessen dürfen, Brot zu kaufen. Notieren Sie es sich kurz auf einen Zettel und kleben Sie ihn auf Ihren Geldbeutel. Dann vergessen Sie diese Besorgung nicht und müssen v. a. nicht mehr daran denken!

- Sorgen Sie für rechtzeitige und regelmäßige Pausen, wenn Sie müde werden und das Gefühl haben, zu wenig Energie zu besitzen. Pausen helfen, neue Energie zu tanken, den Stress zu bewältigen, die Konzentration wiederherzustellen und die Leistungsfähigkeit aufrechtzuerhalten. Möglichkeiten der Pause sind etwa Kaffee- oder Teepause, Gänge zu Kollegen, zum Kopierer, zur Poststelle oder so genannte „Fenster-auf-Pausen", um frische Luft herein zu lassen, sowie Telefonpausen, um ein angenehmes Telefonat zu erledigen.

> Infobox
>
> **Der Verzicht auf Pausen stellt einen gewaltigen „Zeitfresser" dar. Daher sollte jeweils nach 60 bis 90 Minuten eine kurze Pause eingeplant werden.**

- Überlegen Sie sich, wie Sie mit telefonischen oder persönlichen Störungen freundlich umgehen können. Typische Beispiele sind:
  a) „Ich rufe Sie spätestens innerhalb der nächsten 2 Stunden zurück!"
  b) „Ich komme nach der Erledigung dieser Aufgabe sofort bei Ihnen vorbei!"
  c) „Wenn Sie nur etwas abgeben möchten, legen Sie es bitte in das Eingangskörbchen dort vorne."
  d) „Ich rufe Sie an, wenn ich die nötigen Informationen habe und Ihnen besser helfen kann als jetzt."

e) „Ich bin gerade auf dem Sprung zu einer Besprechung – kann ich Sie heute Nachmittag anrufen?"

- Unterbrechen Sie Ihren Gesprächspartner, wenn er zu sehr ins Detail geht und lenken Sie ihn auf das Thema zurück. Möglich ist dies mit Hinweisen wie:
  a) „Lassen Sie uns kurz bei diesem Punkt bleiben."
  b) „Bevor wir näher auf diesen Punkt eingehen, wie ist das mit ..."
  c) „Lassen Sie mich noch einmal wiederholen, ..."

- Fragen Sie nach Alternativterminen oder schlagen Sie ein Telefongespräch vor, wenn sich Ihr Gesprächspartner immer wieder durch Anrufe unterbrechen lässt.

- Nutzen Sie die Techniken des Projektmanagements, wenn Ihnen die Aufgaben/Projekte zu komplex vorkommen. In Kap. 6 erhalten Sie dazu wertvolle Tipps.

Auf einen Blick

Reduzieren Sie Ihre „Zeitfresser", indem Sie

→ konsequent die Strategien der Konzentration und Bündelung sowie die Tipps und Hinweise zum Umgang mit Telefon, Besprechungen, E-Mail und Korrespondenz anwenden,

→ sich das Pareto-Prinzip – 80 % der erforder-

lichen Arbeit lässt sich in 20 % der zur Verfügung stehenden Zeit erledigen – vor Augen führen und sich vom Anspruch des Perfektionismus verabschieden,
- ➜ Ihre Konzentrationsfähigkeit trainieren,
- ➜ das Nein-Sagen lernen, ohne dass Sie tatsächlich „Nein" sagen,
- ➜ regelmäßig Pausen einlegen,
- ➜ ungewollten Unterbrechungen und Telefonaten mit freundlich abweisenden Hinweisen begegnen,
- ➜ die Notiz- und Zetteltechnik anwenden, um sich weniger ablenken zu lassen,
- ➜ komplexe Projekte als Sammlung von Teilaufgaben sehen, deren Umfang durch Methoden des Projektmanagements reduzierbar ist.

4.3 Organisationsmittel nutzen

Fast jeder von uns führt in irgendeiner Form einen Terminkalender. Die Palette reicht von einfachen Notizbüchern, die für jeden Tag nur eine kleine Spalte zur Verfügung stellen, bis zu umfangreichen Lederbänden mit eingravierten Initialen oder Goldschnitt. Für ein effizientes Arbeiten bieten sie jedoch alle keine geeignete Hilfestellung.

Das liegt zum einen daran, dass im klassischen Terminkalender normalerweise nur Aktivitäten notiert werden, die von außen angeregt worden sind. Eigene Ziele und Vorhaben finden hingegen keinen Eingang. Außerdem bieten Terminkalender häufig zu wenig Platz für die Tagesplanung. Sie dienen lediglich als Gedächtnisstütze. Die Termine werden dabei häufig angenommen, ohne dass die für den jeweiligen Tag geplante Arbeit Berücksichtigung findet. Die Folge ist häufig eine Überlastung, die bei besserer Planung vermeidbar gewesen wäre.

Frau Nico z. B. freut sich, am nächsten Mittwoch das schon längst anberaumte Mittagessen mit einem Geschäftspartner einzuplanen; im Terminkalender ist der Tag leer. Ein Blick auf ihre To-do-Liste zeigt ihr jedoch, dass bis Donnerstag ein Bericht korrigiert werden muss, der schon lange auf ihrem Schreibtisch liegt und für dessen Korrektur eigentlich nur der Mittwoch bleibt. Hätte sie diese erforderliche Tätigkeit in ihren Terminkalender eingetragen, wäre ihr schon bei der Anfrage des Geschäftspartners klar geworden, dass sie am nächsten Mittwoch keine Zeit hat.

Ein weiteres Problem besteht darin, dass Termine oft eingetragen werden, ohne die Dauer zu planen und ohne die angestrebten Ergebnisse festzulegen. Sie werden häufig akzeptiert, ohne vorher zu prüfen, ob sie mit den eigenen Prioritäten und Zielen übereinstimmen. Relevant ist nur der freie Platz im Kalender und nicht die Orientierung an den Zielen. Die eigentlichen Aufgaben sind häufig im Kalender nicht sichtbar und können deshalb auch nur schlecht berücksichtigt werden, es sei denn, man hat sie alle fest im Gedächtnis, was aber eher unwahrscheinlich ist.

Häufig wird auch nicht darüber nachgedacht, welche zusätzlichen Aktivitäten mit einem Termin verbunden sind, wie z. B. das Lesen von Berichten oder das Wahrnehmen von Nachfolgeterminen. Schließlich sind Terminkalender von ihrer ganzen Anlage her unflexibel. So müssen beispielsweise die Adressen jedes Jahr übertragen werden und es lassen sich bei Bedarf keine zusätzlichen Seiten einfügen.

Für ein effizientes Arbeiten sind daher Zeitplanbuch oder elektronische Personal-Digital-Assistants (PDA) bzw. Mobile-Digital-Assistants (MDA) geeigneter. Beide Instrumente – sowohl das Zeitplanbuch als auch das entsprechende elektronische Hilfsmittel – stellen wichtige Organisationsmittel dar, die Informationen zusammenfassen, die vorher an mehreren Orten verteilt waren: Termine, Adressen und Telefonnummern, Checklisten, To-do-Listen, Ideen, Projekte, Prioritäten und Ziele.

Im Handel sind unterschiedliche Systeme erhältlich. Häufig sind die teuersten und aufwändigsten von ihnen nicht unbedingt auch die besten. Prüfen Sie daher genau, welches System für Sie persönlich am meisten geeignet ist. Mögliche Auswahlkriterien in Bezug auf Zeitplanbücher sind:

- *Größe*: Zu empfehlen ist ein Format, das es Ihnen möglich macht, das Zeitplanbuch jederzeit mitzunehmen.

- *Material*: Es sollte haltbar und strapazierfähig sein und Ihnen natürlich gefallen. Denn wenn Sie ein Arbeitsmittel gerne zur Hand nehmen, werden Sie erfahrungsgemäß viel häufiger und selbstverständlicher damit arbeiten.

- *Preis*: Er sollte natürlich im Verhältnis zum Nutzen stehen.

- *Vielfalt der Formularblätter*: Prüfen Sie, ob diejenigen Formulare, die Sie regelmäßig benutzen möchten, vorhanden sind. Gibt es ausreichend Formulare, die zu systematischer Arbeit anregen?

- *Übersichtlichkeit*: Erhalten Sie einen guten Überblick über alle wichtigen Aufgaben, die anstehen? Haben Sie einen schnellen Zugriff auf notwendige Informationen, Daten und Checklisten?

- *Platz*: Haben Sie genügend Platz für Notizzettel?
- *Ringbuchsystem*: Können Sie alte Blätter ohne großen Aufwand gegen neue austauschen?

Präferieren Sie hingegen eher einen elektronischen Personal-Digital-Assistant (PDA) bzw. einen Mobile-Digital-Assistant (MDA), dann sind die folgenden Entscheidungskriterien relevant:

- *Funktionen*: Welche Funktionen bieten PDA oder MDA? Adress- und Kontaktverwaltung, Termin- und Kalenderfunktion, Erinnerungsfunktion, Tabellenkalkulation, kleine Textverarbeitung etc.?
- *Synchronisation*: Ist eine Synchronisation des Personal-Digital-Assistant mit dem Computer auf Ihrem Arbeitsplatz möglich? Wie einfach kann sie erfolgen? Wie schnell können Kontakte, E-Mails, Texte etc. übertragen werden?
- *Mobilfunk- oder Internet-Funktion*: Kann man den PDA auch nutzen, um zu telefonieren oder im Internet zu surfen?
- *Preis*: Wie teuer sind die Anschaffungs- und die laufenden Kosten?

Infobox

Unabhängig davon, für welches System Sie sich entscheiden: Arbeiten Sie auf jeden Fall nur mit einem System – entweder Zeitplanbuch oder elektronischer PDA bzw. MDA – und tragen Sie private und berufliche Termine, Aufgaben und Ziele in dieses System ein. Dadurch erhalten Sie eine bessere Übersicht und verhindern, dass Sie Termine zu Zeiten vereinbaren, die bereits verplant sind.

Auf einen Blick

Die Nutzung geeigneter Organisationsmittel unterstützt effizientes Arbeiten und Zeitmanagement! Auf Folgendes ist zu achten:

- ➜ Vermeiden Sie dabei klassische Terminkalender – sinnvoller sind Zeitmanagementsysteme oder elektronische Geräte wie PDAs oder MDAs.
- ➜ Informieren Sie sich über die zur Verfügung stehenden Systeme und entscheiden Sie sich für das System, das für Sie persönlich und das Management Ihres Aufgabenbereichs am effizientesten ist.
- ➜ Nutzen Sie nur ein System und verzichten Sie darauf, Termine und Informationen in unterschiedlichen Systemen zu speichern.

5. Informationen managen

Einerseits wird die Informationsflut immer größer, andererseits ist es zunehmend schwieriger, richtige Informationen zu bekommen, diese schnell zu erfassen und v. a. so abzulegen oder zu speichern, dass man jederzeit wieder auf sie zurückgreifen kann. Kurz gesagt: Es herrscht ein Mangel im Überfluss – ein Problem, das vielen nicht unbekannt ist.

Vor einem Monat hat etwa Frau Nico einen Artikel zum Thema „Organisation von Besprechungen" gelesen, in dem eine ganz sinnvolle Checkliste aufgeführt war. Heute ist es so weit – sie soll ein Meeting organisieren und weiß leider nicht mehr, wo sie den Artikel hingelegt hat. Auch nach langer Suche findet sie ihn nicht und ärgert sich sehr über sich selbst.

Wie lässt sich diese Problematik in den Griff bekommen? Am besten, Sie stellen sich vor der Recherche zu einen bestimmten Thema immer die folgenden Fragen:

- Welche Informationen sind relevant?
- Wie werden diese Informationen erfasst und aufgenommen?
- Wo können die Informationen so abgelegt bzw. gespeichert werden, dass sie schnell wiedergefunden werden.

5.1 Informationen auswählen

Man kann sich ohne Probleme den ganzen Tag oder auch die ganze Woche mit Informationen und deren Aufnahme auseinandersetzen. Da dies wenig zielführend ist, sollte man sich jedoch frühzeitig überlegen, welche Informationen für die Abwicklung der eigenen Tätigkeiten tatsächlich erforderlich sind und welche eine geringere Rolle spielen. Eine diesbezügliche Checkliste könnte etwa folgendermaßen aussehen:

- Artikel und Beiträge aus Fachzeitschriften oder dem Internet
- Richtlinien und Vorschriften
- Kontenpläne
- Hotellisten und -prospekte
- Seminarprospekte
- Protokolle
- Messetermine
- allgemeine Prospekte

Ähnlich wie bei der Bearbeitung von Aufgaben lassen sich all diese Informationen verschiedenen Kategorien zuordnen:

- *A-Informationen*: notwendige Informationen, die die Basis für die Bearbeitung wichtiger, zeitnah zu erledigender A-Aufgaben darstellen. Müssen Sie z. B. in den nächsten Tagen eine Präsentation zum Thema

„Telefonkonferenz" vorbereiten, sind sämtliche Informationen, die Sie von nun an zu diesem Thema finden, relevant.

- *B-Informationen*: wichtige Informationen, die die Basis für noch nicht dringende B-Aufgaben darstellen. Wissen Sie z. B., dass Sie ein Jahr später eine Veranstaltung in einem externen Hotel organisieren müssen (= B-Aufgabe), handelt es sich bei Prospekten über infrage kommende Hotels um B-Informationen.

- *C-Informationen*: Informationen, die bei Routinetätigkeiten unterstützen. Hierunter fällt z. B. der im obigen Beispiel erwähnte Artikel zur Organisation von Meetings.

- *D-Informationen*: Informationen, die weder für A- oder B-Aufgaben noch für Routinetätigkeiten eine Rolle spielen. Hierunter fällt beispielsweise ein Artikel über die Einführung von Kennzahlensystemen, wenn dieses Thema nicht Bestandteil des eigenen Aufgabenbereichs ist.

Vor dem Hintergrund der Kategorisierung in A-, B-, C- und D-Informationen gelingt es meist problemlos, frühzeitig zu filtern, welche Informationen relevant sind und welche weniger relevant sind. Dabei sollten Sie folgendermaßen vorgehen:

- *A-, B- und C-Informationen*: näher betrachten!
- *D-Informationen*: überblättern bzw. wegwerfen!

Infobox

Das Prinzip der Kategorisierung in A-, B-, C- und D-Informationen hilft übrigens auch dabei, vorhandene Papier- und Zeitschriftenstapel durchzusehen und nicht mehr erforderliche D-Informationen konsequent zu entsorgen.

Die vorgestellte Methode der Kategorisierung gilt für die Durchsicht von Papier-Unterlagen in gleicher Weise wie für das Surfen im Internet. Frau Nico surft beispielsweise sehr gerne im Internet und sieht sich dabei die verschiedenen Portale für Sekretariate an. Bisher hat sie beinahe jeden einzelnen Beitrag, auf den sie stieß, eingehender betrachtet, da er ja etwas für sie Interessantes enthalten könnte.

Um in Zukunft effizienter arbeiten zu können, hat sie nun aber ihren Informationsbedarf in A-, B-, C- und D-Informationen kategorisiert und überlegt schon beim Titel jedes Beitrages, in welche Kategorie dieser fallen könnte.

Infobox

In Abschnitt 7.2 finden Sie übrigens Tipps, wie Sie Informationen schneller erfassen können, um anschließend Prioritäten festzusetzen.

Auf einen Blick

Vermeiden Sie eine Informationsüberflutung, indem Sie

- → sich überlegen, mit welchen Informationen Sie täglich konfrontiert sind,
- → festlegen, welches Ihre A-, B-, C- und D-Informationen sind,
- → sich auf die Durchsicht von A-, B- und C-Informationen konzentrieren, während Sie D-Informationen nicht näher betrachten müssen.

5.2 Informationen aufnehmen und verarbeiten

Durch die Kategorisierung von Informationen haben Sie zwar schon einen wichtigen Anfang gemacht, aber diese Informationen sind bisher weder aufgenommen noch erfasst oder verarbeitet. Diese wichtigen Schritte stehen nun an. Hierbei lassen sich prinzipiell zwei Strategien unterscheiden:

1. Sammelstrategie: Die relevanten Informationen werden zunächst einmal gesammelt und zu einem späteren Zeitpunkt gelesen. Typische Beispiele für das „Sammeln" sind: Ausdrucken von Internet-Beiträgen oder Ausschneiden bzw. Kopieren von Print-Beiträgen. Die Sammelstrategie bietet sich v. a. dann an, wenn gegenwärtig keine Zeit für eine nähere Durchsicht der Informationen besteht oder wenn diese erst dann relevant werden, wenn das jeweilige Thema zur Bearbeitung ansteht (ist häufig bei B-Informationen der Fall; z. B. Tagesordnungen oder Protokolle, die erst vor der nächsten Sitzung näher betrachtet werden müssen, Hotelprospekte für eine Veranstaltung im nächsten Jahr).

2. Direktstrategie: Der betreffende Artikel wird sofort gelesen, nachdem man ihn ausfindig gemacht und für relevant befunden hat.

Die Gefahr der Sammelstrategie ist, dass sich zu viele Artikel und Informationen anhäufen, für deren Lesen dann doch die Zeit fehlt. Nachteil der Direktstrategie ist, dass sie sehr zeitaufwändig ist und andere wichtige Aufgaben dadurch unter Umständen liegen bleiben.
So stehen in vielen Schränken Ordner mit der Aufschrift „Interessantes", „Diverses" oder „Sonstiges", die Artikel und Informationen enthalten, die vor langer Zeit einmal gesammelt wurden, für die aber niemand so richtig Interesse hat.

Vermeiden lässt sich dies z. B. dadurch, dass feste Zeiten eingeplant werden, zu denen die Verarbeitung der gesammelten Informationen erfolgt.

Diese Zeiten können täglich oder wöchentlich angesetzt werden. Das ist z. B. in Bezug auf übergreifende Informationen sinnvoll, die sich nicht einzelnen Aufgaben oder Projekten zuordnen lassen. Als Beispiele können Richtlinien oder Anweisungen der Verwaltung genannt werden, die entweder direkt bei Erhalt oder gesammelt einmal pro Tag oder pro Woche durchgesehen werden sollten.

Die festen Zeiten können aber auch bearbeitungsbezogen sein. In diesem Fall werden die Informationen gesammelt und erst dann näher betrachtet, wenn die jeweilige Aufgabe oder Tätigkeit tatsächlich anfällt. Bei B-Informationen sollte man sich diese Methode generell angewöhnen. B-Informationen werden gesammelt und erst dann gelesen, wenn die Arbeit an der betreffenden B-Aufgabe tatsächlich ansteht. Ein typisches Beispiel ist der Beitrag über die Organisation von Meetings, der erst dann gelesen wird, wenn das nächste Meeting ansteht.

Infobox

Sammeln Sie interessante Artikel in einer Mappe mit der Aufschrift „Unterwegs" und nutzen Sie Wartezeiten beim Arzt, am Bahnhof, am Flughafen, im Stau oder in der S-Bahn, um die Informationen durchzusehen und zu lesen.

Auf einen Blick

Vermeiden Sie Papierberge und wachsende Artikel-Stapel, indem Sie frühzeitig entscheiden,

- ob sie den Artikel sofort lesen oder erst einmal sammeln und
- wann Sie die gesammelten Artikel lesen: entweder regelmäßig oder erst dann, wenn das zugrunde liegende Thema relevant wird.

5.3 Informationen aufbewahren und speichern

Unabhängig davon, um welche Informationen es sich handelt und ob diese gesammelt oder sofort gelesen werden, müssen die meisten von ihnen in irgendeiner Weise aufbewahrt werden, da auch zu einem späteren Zeitpunkt ein Zugriff erforderlich ist. Prinzipiell existieren zwei Möglichkeiten der Aufbewahrung: 1. physische Ablage, 2. elektronische Speicherung.

Da das elektronische Einscannen sämtlicher Informationen meistens weder sinnvoll noch effizient ist, wird man sich in den wenigsten Fällen grundsätzlich für die eine oder andere Variante entscheiden können. Meistens existieren beide Systeme nebeneinander.

Physische Ablage: Im Rahmen der physischen Ablage ist zunächst zu entscheiden, ob es sich bei der jeweiligen Information um eine projektbezogene Information handelt oder um eine Information, die die Routinetätigkeiten betrifft. Für die Ablage gilt dann entsprechend:

- Projektbezogene und/oder auf A- bzw. B-Aufgaben bezogene Informationen werden dem jeweiligen Projekt – in der Organisationsmappe oder in der Projektmappe – zugeordnet (z. B. Informationen zu Telefonkonferenzen, wenn in der nächsten Zeit eine Präsentation vorzubereiten ist).
- Für C-Informationen, die Routinetätigkeiten betreffen, wird eine Informationsmappe mit verschiedenen Kategorien angelegt, der die jeweiligen Informationen zugeordnet werden. Eine derartige Informationsmappe könnte beispielsweise folgende Kategorien enthalten: Reisekosten, Messetermine, Hotellisten, Bedienungsanleitungen etc.

Infobox

Für Informationen, die Ihnen interessant erscheinen, die Sie aber nicht direkt zuordnen können, können Sie z. B. eine Mappe „Interessantes" anlegen. Diese sollte aber nur wenig Platz bieten und regelmäßig aussortiert werden.

Elektronische Speicherung: Zusätzlich zu den Papier-Dokumenten existiert in den meisten Fällen eine Vielzahl elektronischer Informationen, die ebenfalls so gespeichert werden müssen, dass sie schnell wieder gefunden werden können. Möglich ist dies

- durch eine konsequente Nutzung des eingerichteten projekt- oder aufgabenbezogenen Ordnersystems (vgl. Kap. 2.2) (Ein per E-Mail erhaltenes Protokoll zur letzten Abteilungsleiterbesprechung wird z. B. dem Ordner „abteilungsintern" zugeordnet.).
- durch die Nutzung von bestimmten Funktionen, wie sie z. B. das Outlook-Programm zur Verfügung stellt (Der Aufgabe „Organisation von Meetings", die bereits in der Aufgabenliste verzeichnet ist, wird der im Internet gefundene Beitrag zur effizienten Organisation von Besprechungen zugeordnet.).
- durch die Einrichtung eines zusätzlichen Ordners „Information" oder „Informationsmappe" mit Unterordnern wie „Hotelinformationen", „Reisekosten", „Messetermine", um zugehörige Hinweise, Notizen, Informationen, Artikel und Beiträge jeweils zuordnen zu können (Die per E-Mail von einer Kollegin erhaltene Empfehlung für ein bestimmtes Hotel wird z. B. dem Unterordner „Hotelinformationen" zugeordnet.).
- durch das Anlegen von Dateien zu bestimmten Themen oder Aufgaben, in die interessante Informationen, Hinweise oder Notizen zu gelesenen Artikeln gespeichert werden (Aus einem Artikel zum Thema

„elektronische Abgabe von Umsatzsteuererklärungen" werden die wichtigsten Anregungen in eine Datei „Umsatzsteuererklärung" übernommen.).

Denken Sie bereits bei der physischen Ablage oder der elektronischen Speicherung daran: Je eher und je zielorientierter Sie die Informationen zuordnen, desto schneller finden Sie sie!

Auf einen Blick

Die Aufbewahrung von Informationen kann entweder physisch oder elektronisch erfolgen.

- ➜ Bei der physischen Ablage empfiehlt sich die Zuordnung zu projekt- oder aufgabenbezogenen Mappen bzw. Unterlagen oder das Einfügen in eine Informationsmappe, deren Kategorien die typischen Routinetätigkeiten widerspiegeln.
- ➜ Bei der elektronischen Speicherung empfiehlt sich die Zuordnung innerhalb des angelegten elektronischen Ordner- und Unterordnersystems, das zusätzliche Anlegen eines elektronischen Ordners „Informationsmappe" mit den entsprechenden Unterkategorien sowie das Anlegen projektspezifischer Dateien, um Ideen, Informationen und Dateien entsprechend aufzubewahren.

6. Projektmanagement

Unabhängig von der jeweiligen Priorisierung in A-, B-, C- oder D-Aufgaben lassen sich – wie schon in Kap. 3 erwähnt – Tages- oder Routinegeschäft, Projektaufgaben und Spontanaufgaben unterscheiden. Projektaufgaben sind in der Regel dadurch gekennzeichnet, dass es sich um abgeschlossene, meist terminlich fixierte Aufgaben handelt, die sich in mehrere Teilaufgaben und -schritte differenzieren lassen.

Eine typische Projektaufgabe ist etwa die Organisation einer Veranstaltung. Es handelt sich dabei um eine abgeschlossene Tätigkeit, die zu einem bestimmten Termin beendet sein muss und die sich in viele Teilaufgaben untergliedern lässt. Ganz anders verhält es sich etwa bei der Bearbeitung der Korrespondenz: Sie fällt täglich an und besteht nur aus wenigen Schritten.

Eine hilfreiches Werkzeug zur effizienten Abwicklung von Projektaufgaben stellen die Methoden der Projektplanung und des Projektmanagements dar. Sie helfen,

- die Komplexität von Projekten zu reduzieren,
- einen Überblick über die erforderlichen Teilaufgaben zu erhalten,
- zu erkennen, welche Aufgaben in welcher Reihenfolge durchgeführt werden müssen,

- Termine festzusetzen, an denen bestimmte Projektschritte fertig gestellt sein müssen.

Im Folgenden wird daher aufgezeigt, welche Schritte für eine effiziente Projektplanung erforderlich sind und welche Methoden hierfür zur Verfügung stehen.

6.1 Schritte der Projektplanung

Ein Projektplan zeigt Ihnen auf, welche Schritte für die Durchführung eines Projektes im Einzelnen erforderlich sind, wer für die Durchführung der einzelnen Schritte verantwortlich ist und zu welchen Terminen diese durchgeführt werden müssen.

Der Projektplan zur Organisation einer Tagung z. B. wird sowohl aufzeigen, dass die Schritte „Auswahl der Referenten", „Auswahl der Teilnehmer und der Zielgruppe", „Erfassung der Adressen", „Organisation des Raums", „Catering" anfallen als auch dass Frau Nico für die Erfassung der Adressen und Frau Maier für das Catering zuständig ist.

Bei der Erstellung eines Projektplans gehen Sie am besten folgendermaßen vor:

- Fassen Sie sowohl das Projekt als auch das Ziel in Worte! Zunächst müssen Sie wissen, worum es genau geht. Nur dann können Sie das Projekt in seine Bestandteile zerlegen und feststellen, welche Aufgaben für den Projekterfolg wichtig sind. In Bezug auf die oben genannte Veranstaltung bedeutet das z. B.: Thema, Zielgruppe, Termin und Ort festlegen.

- Zerlegen Sie das Projekt in seine Teilaufgaben! Überlegen Sie sich zunächst, welche Aufgaben zur Erledigung notwendig sind! Formulieren Sie die einzelnen Aufgaben dabei möglichst detailliert und spielen Sie den Ablauf Ihres Projekts gedanklich durch. Eine Skizze hilft häufig, einen Überblick über die notwendigen Teilaufgaben zu gewinnen und zu vermeiden, dass wichtige Aufgaben vergessen werden. In Bezug auf Veranstaltungen handelt es sich z. B. um die Organisation des Veranstaltungsraums, die Auswahl der Referenten, das Ansprechen der Teilnehmergruppe.

Infobox

Kommt Ihnen ein Projekt zu komplex vor, dann nehmen Sie ein leeres Blatt und ziehen Sie sich an einen Ort zurück, an dem Sie ungestört und ohne ständigen Blick auf Computer und Schreibtisch nachdenken können. Überlegen Sie, welche erforderlichen Schritte Ihnen einfallen und schreiben Sie diese zunächst unstrukturiert auf das Blatt. Sie werden sehen, dass Sie auf eine ganz ordentliche Zahl von konkreten Punkten kommen und sich dadurch die Komplexität der Aufgabe reduziert.

- Ordnen Sie die notwendigen Ressourcen zu! Bestimmen Sie Maßnahmen und Ressourcen, die zur Erledigung jeder Teilaufgabe notwendig sind. Hierzu gehören insbesondere diese Fragen:
  a) Wer übernimmt welche Aufgabe bzw. recherchiert welche Informationen?
  b) Welche Fähigkeiten sind erforderlich?
  c) Welche zusätzlichen Sachmittel sind nötig?
  d) Planen Sie dabei genügend Zeit zur Bereitstellung der notwendigen Mittel ein. Zur Organisation einer Tagung gehört etwa die Einladung potenzieller Teilnehmer. Diese kann wiederum nur erfolgen, wenn die Adressen zur Verfügung stehen. Für die Beschaffung bzw. Aufbereitung dieser Adressen muss entsprechend Zeit eingeplant werden.

- Legen Sie konkrete Termine fest! Planen Sie dabei rückwärts. Bestimmen Sie zunächst den Tag, an dem das Projekt fertig gestellt werden soll. Setzen Sie – ausgehend davon – für jede Teilaufgabe einen Termin fest. Schätzen Sie dabei grob die Zeit ab, die für die Durchführung erforderlich ist, und berücksichtigen Sie auch Puffer- und Reservezeiten! Bei den meisten Projekten treten unvorhergesehene Änderungen und Verzögerungen auf, die nicht selten die Abwicklung gefährden.

- Bei der Organisation einer Tagung ist es z. B. möglich, dass das Programm nicht gedruckt werden kann, da von einem Referenten noch die endgültige Zusage fehlt. Wenn ein ausreichender Zeitpuffer eingeplant war, ist dies aber nicht weiter problematisch und gefährdet keinsfalls den Ablauf des Projekts.

- Machen Sie Ihr Projekt sichtbar! Nicht selten werden Projekte nicht abgeschlossen oder nur unter hohem Zeitdruck fertig gestellt, weil man sie aus den Augen verliert. Kennzeichnen Sie Ihre Projekte in der Aufgabenliste eindeutig und dokumentieren Sie, welche Aufgaben zu welchen Terminen abgeschlossen sein müssen.

- Kontrollieren Sie Ihre Fortschritte! Setzen Sie sich Meilensteine, d. h. Termine, an denen bestimmte Projektschritte abgeschlossen sein müssen (vgl. Kap. 6.2), und kontrollieren Sie diese regelmäßig. Falls Sie einen dieser Termine nicht einhalten können oder mit einer Aufgabe nicht richtig vorankommen, überlegen Sie sich, woran es liegt und was geändert werden kann. Ein Meilenstein bei der Organisation einer Tagung ist etwa die Gestaltung der Einladung, die sich kaum innerhalb von 5 Minuten zwischen zwei anderen Aufgaben erledigen lässt. Daher wird diese Aufgabe oft verschoben, bis der Projektplan gefährdet ist. Der Grund liegt hier eindeutig in der fehlenden Priorisierung dieser Aufgabe und lässt sich leicht ändern, indem die Gestaltung der Einladung als absolute A-Aufgabe definiert wird, für die man die bekannte „stille Stunde" einplant.

6.2 Methoden der Projektplanung

Die Erstellung eines Projektplans lässt sich durch geeignete Methoden effizient unterstützen. Zu ihnen zählen

- Vorgangsliste,
- Projektstrukturplan,
- Balkendiagramm,
- Meilensteintechnik.

Vorgangsliste

Bei einer Vorgangsliste handelt es sich um eine Art To-do-Liste, die sämtliche für die Realisierung des Projekts erforderlichen Tätigkeiten und Vorgänge enthält. Ihre Erstellung kann unstrukturiert oder auch strukturiert erfolgen.

Erfolgt sie unstrukturiert, überlegt man sich unabhängig von vorgegebenen Aufgaben oder notwendigen Anforderungen, welche Schritte und Vorgänge prinzipiell erforderlich sind, um z. B. eine Tagung zu organisieren. Dabei spielen die Reihenfolge der einzelnen Tätigkeiten bzw. die zwischen ihnen bestehenden Abhängigkeiten keine Rolle. Ziel ist zunächst, einen Überblick über prinzipiell erforderliche Vorgänge und Aufgaben zu erhalten.

Wird sie strukturiert erstellt, werden bestimmte Aufgabenbereiche vorgegeben, denen man die jeweiligen Teilaufgaben zuordnet. Bei der Organisation einer Tagung werden z. B. für die Themen „Referenten", „Teilnehmer", „Veranstaltungsort" die jeweils durchzuführenden Aktionen gesammelt.

Unabhängig von der Art der Erstellung besteht der wesentliche Vorteil einer Vorgangsliste in der Möglichkeit, schnell einen Überblick über die erforderlichen Aufgaben und Tätigkeiten zu bekommen.

Projektstrukturplan

Im Projektstrukturplan wird die Struktur des jeweiligen Projekts exakt dargestellt. Aus ihm wird deutlich, welche Haupt- und Teilaufgaben zur Realisierung des Projekts erforderlich sind und welche Beziehungen zwischen diesen Haupt- und Teilaufgaben bestehen.

Meist erfolgt die Projektstrukturierung nach den erforderlichen Aufgaben. Folgende Abbildung zeigt, wie ein Projektstrukturplan für die Organisation einer Tagung im Ansatz aussehen könnte:

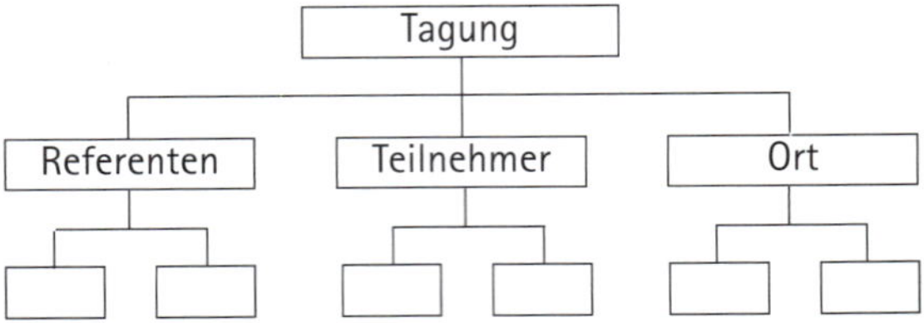

Wichtig bei der Erstellung eines Projektstrukturplanes ist die Frage, wie tief die Aufgabengliederung sein sollte. Je umfassender die Arbeitspakete sind, desto übersichtlicher erscheint zwar der Projektstrukturplan, desto ungenauer ist er jedoch auch. Wie grob oder wie fein gegliedert wird, muss letztlich von der Zielsetzung und dem Adressaten des Projektstrukturplans abhängen.

Infobox

Ein Projektstrukturplan lässt sich übrigens sinnvoll ergänzen, indem den einzelnen Projektschritten die verantwortlichen Personen und/oder die entsprechenden Termine zugeordnet werden. Die Aussagekraft ist dadurch noch höher.

In einem Projektstrukturplan lässt sich auf einen Blick erkennen, welche Haupt- und Teilaufgaben zu einem Projekt gehören. Dies reduziert die Komplexität und erleichtert den Start eines Projekts sowie dessen vollständige Realisierung, denn es sind ja immer nur einzelne Schritte zu erledigen.

Balkendiagramm

Beim Balkendiagramm wird für jede Aufgabe ein Balken gebildet, dessen Länge den Zeitbedarf wiederspiegelt. Jeder Balken wird dann den jeweils zugrunde liegenden Terminen zugeordnet. Die Abbildung auf der nächsten Seite verdeutlicht das Prinzip:

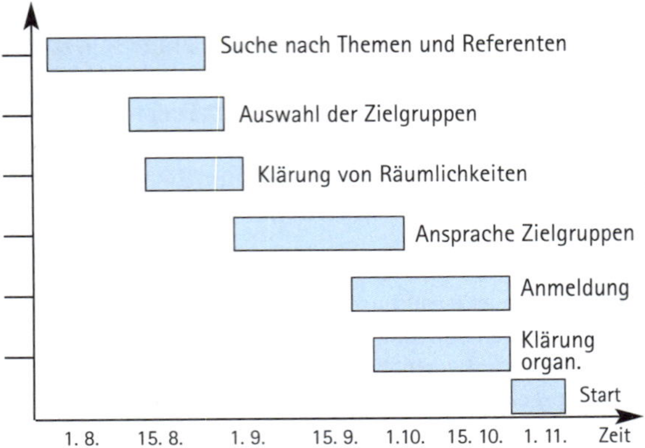

Der Vorteil des Balkendiagramms liegt in dessen unproblematischer Erstellung sowie dem schnellen Überblick über den zeitlichen Projektverlauf. Man sieht auf einen Blick, zu welchem Zeitpunkt die Abwicklung welcher Projektaufgaben erfolgen soll.

Das Balkendiagramm lässt sich übrigens auch sehr gut als Kontrollinstrument nutzen, wenn der Stand der jeweiligen Aufgabenbearbeitung in den Balken eingetragen wird. Es lässt sich dann sofort sehen, welche Aufgabenbearbeitung im Zeitplan liegt und bei welchen Aufgaben Verzögerungen eingetreten sind.

Meilensteintechnik

Bei der Meilensteintechnik erfolgt die Definition von so genannten kontrollfähigen Projektschritten oder -ergebnissen. Dabei handelt es sich entweder um Termine oder um bestimmte Ereignisse bzw. Vorgänge, bei deren Eintritt der Stand des Projektes überprüft werden muss. Typische Beispiele hinsichtlich der Organisation einer Tagung sind Arbeitsergebnisse, wie etwa die Gestaltung der Einladung oder Ereignisse, wie z. B. die Zusage der Referenten.

Infobox

Als Meilensteine eignen sich im Allgemeinen Ereignisse oder Zwischenergebnisse im Projektablauf, nach deren Realisierung das Projekt in eine neue Phase tritt und Entscheidungen getroffen bzw. überprüft werden müssen.

In der Praxis finden dann häufig so genannte „Meilensteinsitzungen" statt, in denen über den Projektstand diskutiert wird und die nächsten Entscheidungen gefällt werden müssen.

Die einmal definierten Meilensteine können auch in ein Balkendiagramm eingetragen werden. Auf diese Weise wird sofort ersichtlich, an welchen Terminen und bei welchen Arbeitspaketen die nächsten Meilensteine liegen.

Der Vorteil von Meilensteinen liegt darin, dass sie die Motivation erhöhen, die nächsten Projektziele zu den angestrebten Terminen zu erreichen. Außerdem dienen sie einer leichteren Überprüfbarkeit der geplanten Termine und Ergebnisse.

Auf einen Blick

Projektaufgaben sind abgeschlossene Einheiten, sie bestehen aus mehreren Teilschritten und erscheinen häufig komplex und umfangreich. Nutzen Sie aus diesem Grund zur Bewältigung von Projektaufgaben die Methoden der Projektplanung, indem Sie

- ➜ einen Projektplan erstellen, der aufzeigt, welche Schritte erforderlich sind, wer für die jeweilige Durchführung verantwortlich ist und zu welchen Terminen dies erfolgen soll,
- ➜ auf Methoden des Projektmanagements zurückgreifen: Vorgangsliste zur Erfassung der erforderlichen Aufgaben, wie z. B. Projektstrukturplan zur Strukturierung der anstehenden Haupt- und Teilaufgaben sowie Balkendiagramm zur Terminierung der einzelnen als Balken dargestellten Aufgaben oder Meilensteintechnik zur Festlegung von überprüfbaren Ereignissen und Terminen!

7. Unterstützende Methoden

In den Kapiteln 1 bis 6 wurden Methoden und Instrumente für eine bessere Organisation des Büro-Alltags sowie für ein effizienteres Arbeiten vorgestellt. Als wichtige übergreifende Aspekte wurden dabei v. a. die Priorisierung sowie die Konzentration und Bündelung herausgestellt. Daneben wurden einzelne Aspekte wie die Erledigung der Korrespondenz, die Planung von Projekten oder der Umgang mit der Informationsflut behandelt. All diese Tätigkeiten lassen sich noch besser durchführen, wenn es gelingt,

- die individuelle Konzentrationsfähigkeit zu verbessern,
- sich Techniken des schnellen Lesens anzueignen und
- sich mit Kreativitätstechniken zu beschäftigen.

7.1 Verbesserung der Konzentrationsfähigkeit

Konzentration ist für ein effizientes Arbeiten unerlässlich: sei es die Konzentration auf A- bzw. B-Aufgaben, auf die Erledigung der gebündelten Tätigkeiten oder auf die Erstellung eines Projektplans. Konzentrationsfähigkeit lässt sich allerdings ganz gezielt trainieren, wenn man stets darum bemüht ist,

- Konzentration in jeder Form zu fördern und
- Konzentrationsstörungen zu vermeiden.

Konzentration lässt sich zunächst dadurch fördern, dass man versucht, zumindest ein gewisses Interesse für jede notwendige Tätigkeit aufzubringen, auch wenn diese zunächst noch so uninteressant erscheinen mag. Sie sollen z. B. einen Brief entwerfen, dessen Thematik Sie eigentlich langweilig finden. Überlegen Sie sich, was für Sie Positives oder Interessantes mit dem Verfassen dieses Briefes verbunden sein könnte – und sei es nur die zusätzliche Übung im Formulieren derartiger Briefe.

Ferner wirkt es konzentrationsfördernd, wenn man sich zwingt, z. B. eine Stunde an einer bestimmten Aufgabe zu arbeiten, ohne dass man Störungen zulässt.

Infobox

Realisieren lässt sich dies häufig nur, wenn Sie den Arbeitsplatz verlassen und sich an einen Ort begeben, an dem Sie ungestört tätig werden können. Möglich ist dies z. B. im Konferenz- oder Besprechungsraum, in der Kantine außerhalb der Hauptessenszeiten oder auch einmal zu Hause.

Auch sollten Sie den Arbeitsplatz von Dingen frei halten, die Sie in Ihrer Konzentration behindern.

Vergessen Sie zudem nicht, sich zu belohnen, wenn es Ihnen gelungen ist, eine gewisse Zeit konzentriert zu arbeiten. Belohnungen sind z. B. eine gemütliche Tasse

Kaffee, ein Stadtbummel, Internet-Surfen, ein kurzer Gang zum Kiosk, um sich ein Eis zu holen oder auch die Durchsicht einer Zeitschrift, die man sich schon immer einmal anschauen wollte.

Schließlich ist es sehr konzentrationsfördernd, wenn man sich klare und positive Ziele setzt, indem man sich immer wieder vorsagt: „Nicht ablenken lassen!", „Konzentriere dich!" Hier helfen auch entsprechende Hinweise, die man an den Schreibtisch, den Bildschirm oder an das Telefon klebt. Darüber hinaus bietet sich die

> Infobox
>
> **Immer wieder zeigt sich: Je interessanter eine Tätigkeit ist, desto besser können wir uns konzentrieren. Interesse kommt übrigens aus dem Lateinischen (interesse) und bedeutet „bei der Sache sein" – also „sich konzentrieren".**

Möglichkeit eines expliziten Konzentrationstrainings an, das die Fähigkeit, sich zu konzentrieren, professionell fördert. Hierzu gibt es ein reichhaltiges Literaturangebot sowie Kurse an der Volkshochschule.

Um Konzentrationsstörungen auszuschalten, müssen Sie zunächst wissen, ob die Störungen intern bedingt sind – z. B. durch eine leichte Ablenkbarkeit – oder eine externe Ursache haben – z. B. ein ständig klingelndes Telefon. Der Umgang mit derartigen „Zeitfressern" wurde an anderer Stelle schon ausführlich thematisiert (vgl. Kap. 4.2). Doch ganz ausschalten lassen sie sich wohl nie. Frau Nico z. B. ärgert sich maßlos. Ihre Kollegin kommt mindestens 3-mal täglich vorbei, nur um mitzuteilen, dass sie in die Mittagspause geht, dass sie zur Post muss oder sich auf den Heimweg macht. Nach jeder Störung muss sie sich neu in ihre Arbeit hineindenken. Sagen will sie allerdings nichts, denn sie möchte keinen Unfrieden stiften.

In derartigen Fällen ist es wichtig, sich schnell wieder konzentriert der eigentlichen Aufgabe zuzuwenden. Diese Fähigkeit, rasch umzuschalten und die Gedanken problemlos von einer Sache auf die andere zu lenken, lässt sich trainieren. Entweder, indem man sich angewöhnt, sich nach einer internen oder externen Störung konsequent der eigentlichen Aufgabe zuzuwenden, und/oder durch gezielte Maßnahmen aus dem Konzentrationstraining.

Infobox

Trainieren Sie das schnelle Umschalten! Lesen Sie zwei Bücher zu ganz unterschiedlichen Themen, indem Sie erst eine Seite aus dem einen, dann eine Seite aus dem anderen Buch und so weiter lesen. Prüfen Sie: Können Sie den Inhalt beider Bücher aufnehmen?

Auf einen Blick

Fördern Sie Ihre individuelle Konzentrationsfähigkeit, indem Sie
- ➜ versuchen, Ihr Interesse für alle anfallenden Tätigkeiten zu steigern,
- ➜ Konzentrationsstörungen durch das Ausschalten von „Zeitfressern" reduzieren,
- ➜ das Umschalten zwischen Tätigkeiten lernen, sodass Sie sich schnell wieder auf die eigentliche Tätigkeit konzentrieren können!

7.2 Effizientes Lesen

Durch gezieltes und schnelles Lesen lässt sich viel Zeit einsparen. Wichtig ist dies v. a. für die Bewältigung der in Kap. 5 angesprochene Informationsflut, der wir mehr und mehr ausgesetzt sind. Daher sollte man sich mit den wichtigsten Techniken des effizienten Lesens vertraut machen. Sie betreffen

- die Art des Lesens bzw. der Texterfassung,
- die Fähigkeit des schnellen Lesens sowie
- die Fähigkeit des aktiven Lesens.

Art des Lesens

Prinzipiell stehen zwei Möglichkeiten des Lesens zur Verfügung: Das orientierende und das selektive Lesen.

- *Orientierendes Lesen / Diagonallesen*: Sie möchten nur den groben Inhalt eines Textes kennen lernen und überfliegen ihn deshalb möglichst schnell. Danach sollten Sie zumindest die folgenden Fragen beantworten können:
  a) Worum ging es in dem Text?
  b) Gibt es interessante Gesichtspunkte?
  c) Fehlen wichtige Teilaspekte?
  d) Ist der Text für mich wichtig oder unwichtig? Enthält er A-, B-, C- oder D-Informationen?

Infobox

Diese Art des Lesens wird häufig auch als „Scannen" bezeichnet.

- *Selektives Lesen*: Für Sie ist nicht der ganze Text relevant, sondern nur Teile daraus? Ist dies der Fall, dann überfliegen Sie sämtliche uninteressanten und nicht verwertbaren Abschnitte und konzentrieren sich auf diejenigen Textteile, die für Sie interessant sind. Sie wissen z. B., dass in einem Artikel über ein bestimmtes Computer-Anwendungspaket wichtige Hinweise zur Nutzung eines von Ihnen verwendeten Programms stehen. In diesem Fall überfliegen Sie die Hinweise zu den übrigen Programmen und konzentrieren sich auf das primär relevante.

Bei beiden Techniken geht es darum, einen Text möglichst schnell zu erfassen. Dabei können wiederum Methoden des „Schnellen Lesens" helfen.

Schnelles Lesen

Um sich mit den Methoden des „Schnell-Lesens" auseinander zu setzen, ist es zunächst wichtig, die typischen Probleme des durchschnittlichen Leseverhaltens zu kennen, um sie dann gezielt beheben zu können. Hierzu zählen v. a.:

- das innere Mitsprechen
- der verengte Blickwinkel

Wenn man zunächst das Problem des „inneren Mitsprechens" betrachtet, sollte man einmal zurückblicken und sich fragen: Wie habe ich das Lesen gelernt?

Wir haben mit dem Buchstabieren begonnen, dann die Buchstaben zu Wörtern zusammengesetzt und diese schließlich laut vorgelesen. Heute buchstabieren wir hingegen nicht mehr und sprechen normalerweise auch nicht laut mit. Dennoch murmeln die meisten von uns im Geist Wort für Wort mit. Die Folge ist, dass wir nicht mehr als 200 bis 400 Wörter pro Minute lesen können. Denn der Klang bestimmt beim Mitmurmeln automatisch die Geschwindigkeit unseres Auges. Dadurch wird

Infobox

Das innere Mitsprechen wird in der Fachsprache übrigens als „Subvokalisieren" bezeichnet. Bei einem Lesetempo von 900 bis 1000 Wörtern pro Minute hört es spätestens auf.

das Lesen gebremst. Wäre dies nicht der Fall, könnte man viel schneller Zeile für Zeile erfassen.

Wie lässt sich nun aber die Angewohnheit des inneren Mitsprechens abstellen? Es ist eigentlich ganz einfach – Sie müssen nur möglichst schnell lesen. Denn je schneller Sie lesen, desto weniger Zeit bleibt zum inneren Mitsprechen. Auf diese Weise kann man sich quasi selbst überlisten.

Das zweite Problem ist der zu kleine Blickwinkel, den man beim Lesen zumeist einnimmt. Aus der Schulzeit haben wir die Technik des „Wort-für-Wort-Lesens" mitgenommen. Dabei können wir viel mehr auf einen Blick

Infobox

Zwischen dem „inneren Mitsprechen" und dem verengten Blickwinkel besteht ein Zusammenhang, da beim „inneren Mitsprechen" der Blick meist so stark an dem Wort hängt, das er gerade aufnimmt, dass das Umfeld ausgeblendet wird.

erfassen als wir uns selbst zutrauen. Dies gilt v. a. dann, wenn uns bekannte Wortbilder gezeigt werden. Was bedeutet das nun? Gelingt es, das Auge so zu trainieren, dass es nicht nur einen Punkt, sondern eine größere Fläche auf einmal erfasst, kann man mit einer weiteren Blickspanne lesen und damit mehr erfassen als bisher. Hierzu ist allerdings einige Übung erforderlich.

Man kann beim Lesen den gleichen Satz auf ganz verschiedene Weise unterteilen:

Ich denke, / dass auch / Sie sich / schon mehrmals / den Kopf / darüber / zerbrochen / haben, / wie es / kommt, / dass Menschen / immer / wieder / die gleichen / Fehler / machen.

Variante:

Ich denke, / dass auch Sie sich schon mehrmals / den Kopf darüber zerbrochen haben, / wie es kommt, / dass Menschen immer wieder / die gleichen Fehler machen.

Infobox

Das Lesen mit einem erweiterten Blickwinkel ist nicht nur wesentlich schneller. Es führt auch zu einem besseren Verständnis, da man in Wortgruppen gelesene inhaltliche Zusammenhänge unmittelbarer erfassen kann. Und was man einmal von Grund auf verstanden hat, lässt sich auch besser speichern.

Aktives Lesen

Jetzt gibt es allerdings nicht nur Texte oder Texteile, bei denen es darum geht, möglichst schnell die relevanten Informationen zu erfassen und einen groben Überblick über den Inhalt zu bekommen. Mit einigen Texten müssen wir uns intensiver auseinander setzen. Wie können Sie hier vorgehen?

- Überfliegen Sie den Text!
- Suchen Sie nach dem sprichwörtlichen „roten Faden“, jener Leitidee, die den Text durchzieht und ihn inhaltlich zusammenhält.
- Stellen Sie gezielte Fragen an den Text!
- Lesen Sie den Text anschließend noch einmal ganz genau!
- Zeichnen Sie sich absatz- oder kapitelweise die wichtigsten Gedanken auf!
- Fassen Sie den Text zusammen!
- Wiederholen Sie den Inhalt!

Folgendes sollten Sie sich als Richtlinie für erfolgreiches aktives Lesen zurechtlegen: Gelingt es Ihnen, den Inhalt eines Beitrags oder einzelner Kapitel ohne Probleme mit eigenen Worten bzw. in wenigen Sätzen zusammenzufassen, haben Sie den Text verstanden und verarbeitet.

Infobox

Die inhaltliche Erfassung und Strukturierung von Texten gelingt häufig schneller, wenn man die wichtigsten Stichpunkte, Strukturen und Beziehungen übersichtlich – z. B. als Mind-Map – darstellt. Alles Wichtige für die professionelle Erstellung von Mind-Maps erfahren Sie im Kapitel „Kreativitätstechniken“.

Auf einen Blick

Durch zielorientiertes, effizientes Lesen lässt sich viel Zeit einsparen. Möglich ist dies, indem man

- ➜ gezielt das orientierende oder selektive Lesen anwendet,
- ➜ Lesebarrieren wie das „innere Mitsprechen" oder den zu engen Blickwinkel aufzugeben versucht,
- ➜ sich mit Texten, die eine tiefer gehende Verarbeitung erfordern, intensiv auseinander setzt und versucht, die Inhalte verbal und visuell zu erfassen und strukturiert darzustellen.

7.3 Kreativitätstechniken

Sicher ist Ihnen diese Problematik bekannt: Gerade im Büro- und Geschäftsleben treten häufig komplexe Probleme und Aufgabenstellungen auf, die nach kreativen Problemlösungen verlangen, und bei denen man mit reiner Routinearbeit nicht weiterkommt.

Daher gehört zu einem effizienten Office Management auch die Kenntnis der wichtigsten Kreativitätstechniken. Sie helfen bei der Suche nach neuen Zielen, nach alternativen Handlungsmöglichkeiten, nach den ersten bzw. wichtigsten Projektschritten sowie nach alternativen

Tätigkeitsfeldern. Auf diese Weise unterstützen sie uns dabei, zielorientiert und effizient zu arbeiten und die zur Verfügung stehende Zeit effektiv zu nutzen.

In diesem Kapitel haben Sie die Möglichkeit, die wichtigsten Kreativitätstechniken kennen zu lernen. Sie lassen sich unterteilen in:

- Assoziations-Techniken und
- Mapping-Techniken.

Assoziations-Techniken

Assoziations-Techniken können helfen, Verknüpfungen zu finden und damit die Kreativität zu fördern. Die Bildung von Assoziationen ist immer von dem individuellen Wissen, den persönlichen Erfahrungen und der augenblicklichen Gefühlsverfassung abhängig sowie von der Situation, in der Sie sich gerade befinden. So haben Sie beispielsweise sehr viel mehr Assoziationen und Ideen, wenn Sie sich in einer angenehmen Umgebung befinden, in der Sie sich wohl fühlen und in der Sie die erforderliche Ruhe haben, die für die Bildung von Assoziationen notwendig ist.

Infobox

„Assoziation" kommt übrigens von dem lateinischen Wort „sociare" (dt. verbinden, vereinigen) und meint die Verknüpfung von Erinnerungen oder Gelerntem mit dem unmittelbar Gesehenen oder Erlebten.

Zu den wichtigsten Assoziations-Techniken gehören:

- Brainstorming
- Brainwriting mit der 635-Methode
- Kollektives Notizbuch

Brainstorming: Das Prinzip des Brainstormings ist eine spontane, reichhaltige Ideenäußerung ohne zerstörerische Kritik. Die Methode des Brainstormings wird v. a. zur Ideenfindung in Gruppen verwendet, viele Elemente sind aber auch für ein persönliches Brainstorming ohne Partner verwendbar.

> Infobox
>
> **„Brainstorming" heißt soviel wie „Gehirnsturm" oder „Ideenwirbelwind" und wurde vom Amerikaner Alex Osborn in den 50er-Jahren entwickelt.**

Zu den wichtigsten Voraussetzungen für ein gelungenes Brainstorming zählen:

- Versammlung von 5–9 Teilnehmern – idealerweise aus unterschiedlichen Fachbereichen,
- Dauer: 20–45 Minuten
- Festsetzung von Regeln wie:
  a) keine Kritik in der Ideenfindungsphase,
  b) die Ideenmenge steht immer vor der Ideenqualität,
  c) ungezügelte Fantasie erwünscht,
  d) alle Ideen werden notiert und visualisiert,

e) Kombinieren vorgebrachter Ideen und gegenseitige Anregung erwünscht.

Infobox

Hängen Sie, wenn Sie z. B. häufig an Projekten arbeiten, die Regeln des Brainstormings an einem geeigneten Ort auf (z. B. Sitzungsraum, Bürotür, Merktafel etc.), um sie immer vor Augen zu haben. Vergeben Sie in der Sitzung ruhig gelbe Karten als Verwarnung oder rote Karten als vorübergehendes Redeverbot, damit sich die Regeln auch wirklich einspielen.

Für den geordneten Ablauf des Brainstormings sind folgende Punkte zu beachten:

1. Verpflichtung aller Teilnehmer, sich an die Regeln zu halten,
2. Definition der Problemstellung, die für alle sichtbar ausgehängt werden muss,
3. Ideenfindungsphase,
4. Notieren sämtlicher Ideen,
5. Erstellen eines Sitzungsprotokolls,
6. Verteilen des Protokolls an alle Teilnehmer mit der Bitte um Nachmeldung von Ideen,
7. Bewertung und Entscheidung der Ideen vor dem Hintergrund klarer Bewertungskriterien.

Die Auswertungs- und Entscheidungssitzung sollte immer zeitlich getrennt von der Ideenfindungssitzung stattfinden, allerdings mit den gleichen Teilnehmern. Mitunter kann es sinnvoll sein, externe Experten und Entscheidungsträger mit einzubeziehen.

Gewinnbringend ist die Anwendung der Brainstorming-Technik bei Ideensammlungen jeder Art, z. B. bei der Entwicklung von Vorgehensweisen, Abläufen, Projektaktivitäten, Wochenendaktivitäten, Betriebsfeiern, Familienfeiern, Urlaubszielen etc.

Die Vorteile des Brainstormings sind v. a.:

- einfache Vorbereitung sowie eine Durchführung mit geringem Aufwand,
- Erzielung von vielen unkonventionellen Ideen innerhalb kurzer Zeit,
- gegenseitige Anregungen, insbesondere wenn die Gruppe gut zusammengestellt ist,
- gute Gelegenheit, in einem Forum Ideen zu äußern.

Dagegen stehen jedoch auch einige Nachteile:

- geringe optische Anreize, weil die Ideen nur abstrakt in Worten dargestellt werden können,
- möglicherweise aufwändige Nachbereitungsarbeiten (v. a. bei großer Ideenfülle),
- die Gefahr, dass zurückhaltende Menschen in diesem Forum nur absolut durchdachte Ideen äußern, obwohl gerade spontane Impulse im Hinblick auf die Kreativitäsförderung von Nutzen sind.

Brainwriting mit der 635-Methode: Eine dem Brainstorming ähnliche Methode stellt das Brainwriting dar. Brainwriting bedeutet „Gedankenschreiben" und zielt auf eine schriftliche Ideenäußerung, die zunächst – wie beim klassischen Brainstorming – ohne Kritik erfolgt. Typisch ist die so genannte 635-Methode. Die Bezeichnung 635 steht dabei für folgenden Zusammenhang: 6 Personen schreiben 3 Ideen auf einem Formblatt nieder, das 5-mal an die anderen Teilnehmer weitergereicht wird.

Zu den wesentlichen Voraussetzungen zählen:
- Die Teilnahme von 6 Personen mit unterschiedlichen Interessen
- Dauer: idealerweise 45–60 Minuten

Als spezielle Regeln sind festzuhalten:
- Ideenfluss steht vor Ideenqualität,
- ungezügelte Fantasie erwünscht,
- Kombination aus geschriebenen Ideen und gegenseitiger Anregung durch andere Vorschläge erstrebenswert.

Folgender Ablauf sollte beim Brainwriting stets eingehalten werden:

1. Die Problemstellung wird bekannt gegeben und von den Teilnehmern notiert.

2. Alle Teilnehmer sind zur Einhaltung der Regeln verpflichtet, die für jeden gut sichtbar im Raum hängen sollten.

3. Die Dauer der ersten Ideenfindungsphase beträgt 20–30 Minuten.

4. Jeder Teilnehmer trägt seine drei besten Ideen horizontal in sein Formblatt ein und gibt es an seinen Nachbarn weiter.

5. Jeder Teilnehmer liest die Ideen seiner Vorgänger und ergänzt in der zweiten Reihe drei weitere Ideen, die nach Möglichkeit mit den drei gelesenen zusammenhängen bzw. auf ihnen aufbauen. Nach etwa 3–5 Minuten sollte das Blatt an den Nachbarn weitergegeben werden, insgesamt also 5-mal.

6. Nach der Ideenfindungsphase sollten Kopien der einzelnen Formblätter an alle Teilnehmer verteilt werden, um über die einzelnen Beiträge zu diskutieren, konkret nachzufragen und auch ergänzende Ideen zu integrieren.

7. Die Ideen werden vor dem Hintergrund klarer Auswahlkriterien bewertet. Auch hier empfiehlt es sich, die Auswertungssitzung möglichst getrennt von der Ideenfindungssitzung stattfinden zu lassen.

> **Infobox**
>
> **Die Auswertung kann auch anhand von Kommentaren oder durch eine Bewertung mithilfe von Klebepunkten direkt auf den Formblättern durchgeführt werden.**

Der wesentliche Vorteil gegenüber dem Brainstorming liegt darin, dass das Brainwriting für Teilnehmer, die sich besser schriftlich äußern können, geeigneter ist.

Kollektives Notizbuch: Eine weitere Brainwriting-Methode ist das kollektive Notizbuch. Hier bringen die Teilnehmer ihre Ideen nicht zur gleichen Zeit – z. B. im Rahmen einer Sitzung – zu Papier. Sämtliche Ideen werden von den Beteiligten unabhängig voneinander in Notizbüchern gesammelt und anschließend zur gegenseitigen Anregung ausgetauscht.

Meist stellt sich der Ablauf bei dieser Methode folgendermaßen dar:

1. Aufgabenstellung und Problemstellung werden in einer kurzen Sitzung mit allen Beteiligten abgestimmt.

2. Jeder Teilnehmer trägt in einem Zeitraum von 2 bis 5 Tagen alle seine Ideen in ein Notizbuch ein. Dabei kann es sich um einzelne Wörter, Skizzen und bildhafte Darstellungen handeln.

3. Die Notizbücher werden nach einer bestimmten Zeit in einer festgelegten Reihenfolge ausgetauscht. Die Teilnehmer ergänzen die Ideen ihrer „Vordenker" und geben die Notizbücher anschließend weiter.

Die Ideenfindungsphase endet nach ca. 3–4 Wochen. Beim weiteren Vorgehen werden sämtliche Ideen gesammelt, Bewertungskriterien festgelegt sowie eine Auswertungssitzung angesetzt.

Infobox

Die eben geschilderte „Notizbuch-Technik" kann man übrigens auch alleine durchführen. In diesem Fall handelt es sich eher um ein Ideen-Tagebuch oder um ein Lern-Tagebuch, das sich übrigens sehr gut in das Zeitplanbuch integrieren lässt.

Die Vorteile der Notizbuch-Technik liegen darin, dass
- jeder Teilnehmer ohne formale Vorgaben und ohne Zeitdruck seine Ideen notieren kann,
- die Teilnehmer an unterschiedlichen Orten sitzen können,
- bildliche Darstellungen eher integrierbar sind, sodass die Ideensammlung vergleichsweise umfangreich werden kann.

Ein Nachteil kann allerdings sein, dass – im Falle von großen Unterschieden in der Umlaufdisziplin oder in der

Ideenmenge – engagierte Teilnehmer keine Lust mehr zum Weitermachen haben.

Mapping-Techniken

In der Praxis bewährt haben sich nicht nur Brainstorming- und Brainwriting-Methoden, sondern auch so genannte Mapping-Techniken.

> Infobox
>
> **„Mapping" bedeutet frei übersetzt das Anfertigen von Landkarten. Bezogen auf den Bereich der Kreativitätstechniken ist mit diesem Begriff die Entwicklung so genannter „Gedankenlandkarten" gemeint.**

Zu den wichtigsten Mapping-Techniken zählen:

- Mind-Mapping
- Brainstorming-Mapping

Mind-Mapping: Gedankenlandkarten oder so genannte Mind-Maps werden häufig auch als „Ideenpläne" oder „Verknüpfungspläne" bezeichnet und setzen sich als Kreativitätstechnik immer mehr durch. Ziel ist es, durch die zu Papier gebrachten Gedankenlandschaften die individuellen Denkstrukturen sichtbar zu machen.

Dabei lassen sich Mapping-Techniken entweder alleine oder im Team einsetzen. Die bekannteste Technik ist das so genannte Mind-Mapping. Darunter wird eine Schreib- und Darstellungstechnik verstanden, bei der Notizen zwar nur in Stichworten, aber in strukturierten Zusammenhängen erstellt werden. Bei den Schlüsselwörtern handelt es sich um individuell gewählte Schlüsselbegriffe des jeweiligen Erstellers. Geht es z. B. um Ideenfindung, sind es die spontanen Einfälle zu einem gewissen Thema oder Problem.

Prinzipiell kann Mind-Mapping von Einzelpersonen oder von Teams durchgeführt werden. Der im Folgenden skizzierte grobe Ablauf des Mind-Mappings verdeutlicht den Prozess:

1. Die Problemstellung oder das Thema wird in die Mitte eines leeren Blattes geschrieben und mit einem Kreis oder Oval eingerahmt.

2. Von diesem Zentrum aus wachsen wie an einem Baumstamm in alle Richtungen Äste, die die Hauptpunkte darstellen. An diese Äste schließen sich jeweils mehrere Zweige an, die die Details darstellen.

3. Auf jeden dieser Äste und Zweige werden Schlüsselwörter geschrieben. Dabei steht wiederum der Ideenfluss im Vordergrund und nicht der Sinn oder die Struktur.

4. Zur Aktivierung der rechten Gehirnhälfte sollten möglichst viele Bilder und Symbole benutzt werden.

Folgendes verkürztes Beispiel zeigt exemplarisch den Aufbau eines Mind-Maps:

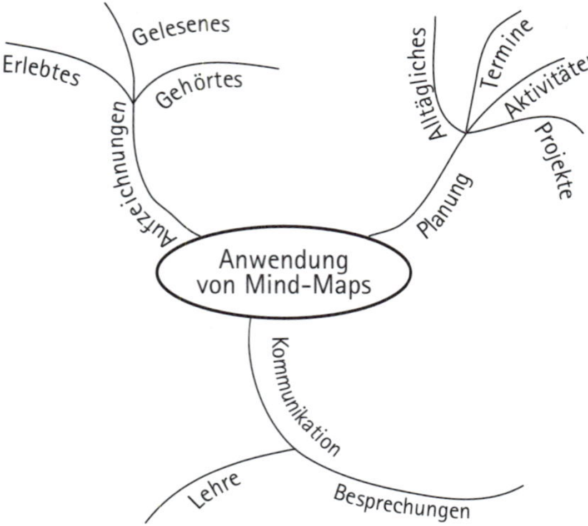

Infobox

Neben der hier gewählten Baumstruktur kann man übrigens auch andere Symbole verwenden. Typische Beispiele sind etwa Sonne, Mistgabel oder Zellen.

Die Vorteile dieser Methode sind insbesondere:

- die vielfältigen Anwendungsmöglichkeiten, zu denen v. a. die Folgenden gehören:
  a) Ideenfindung und Problemlösung alleine oder im Team,
  b) Erstellung von Konzepten für Reden, Publikationen und Präsentationen,
  c) Planung von Projekten,
  d) Unterricht,
  e) Sitzungs- und Gesprächsmitschriften,
  f) Lernstoffaufbereitung,
  g) Aufbereitung schwieriger Texte,
- die Förderung des Zusammenspiels der linken und der rechten Gehirnhälfte durch die Verbindung von Wörtern mit Bildern/Strukturen,
- die Übersichtlichkeit,
- die einfache Möglichkeit der Weiterführung und Fortschreibung,
- die Förderung des vernetzten Denkens,
- das leichtere Einprägen und Behalten als bei herkömmlichen linearen Strukturen.

Es gibt allerdings auch Nachteile:

- Personen, die sehr stark linear orientiert sind, können sich an die manchmal etwas chaotisch wirkende Darstellung nicht gewöhnen.
- Es besteht die Gefahr der Unübersichtlichkeit, wenn die Ideen zu zahlreich sind. In diesem Fall empfiehlt

es sich, neue Mind-Maps zu den einzelnen Unterpunkten zu erstellen.

Infobox

Probieren Sie die Methode des Mind-Mapping, wenn Sie das nächste Mal ein Gespräch, eine Rede oder eine Präsentation vorbereiten müssen oder wenn Sie eine Aufgabe Ihres Chefs strukturieren möchten!

Brainstorming-Mapping: Eine Erweiterung des Mind-Mappings stellt das Brainstorming-Mapping dar. Hier werden Ideen aus Brainstorming-Prozessen wie beim Mind-Mapping in Form einer Gedankenlandkarte entwickelt.
Diese Methode ist sozusagen eine Weiterentwicklung des Mind-Mappings, indem die Ideen des Brainstormings als Mind-Map strukturiert niedergeschrieben und anschließend durch andere Teilnehmer ergänzt werden.

Typischerweise stellt sich der Ablauf des Brainstorming-Mappings folgendermaßen dar:

1. Die Teilnehmer werden in Gruppen von 3–5 Personen eingeteilt.

2. Jeder Teilnehmer erstellt eine individuelle Mind-Map nach der Art, wie sie oben dargestellt wurde.

3. Die Mind-Maps der einzelnen Teilnehmer werden weitergegeben und dabei im Rundlaufverfahren ausgetauscht. Jeder Teilnehmer hat dabei für jeweils 3–7 Minuten ein anderes Mind-Map vorliegen.

4. Jeder Teilnehmer ergänzt in jeder Runde jeweils eine andere fremde Mind-Map, indem er neue Ideen in Form von Ästen und Zweigen anfügt.

5. Das Prozedere des Rundtauschs wird so lange fortgesetzt, bis sämtliche Teilnehmer alle Mind-Maps ergänzen konnten.

6. Die Hauptgedanken aller erstellten Mind-Maps werden in der Gruppe diskutiert, und anschließend steht die Entwicklung eines Grundkonzepts für deren Zusammenführung auf der Tagesordnung.

7. Schließlich wird gemeinsam ein Mind-Map entwickelt – z. B. am Flipchart – das sämtliche gesammelten Ideen in einer von allen akzeptierten Struktur enthält.

Die Vorteile dieser Methode liegen in erster Linie darin, dass eigene Ideen und Strukturen durch die Ideen anderer Teilnehmer ergänzt werden und dadurch die Sammlung der wichtigsten Ideen in ziemlich kurzer Zeit recht vollständig sein dürfte.

Als nachteilig könnte sich jedoch erweisen, dass sich nicht jeder Teilnehmer sofort in die Denkstruktur der anderen einlesen kann. Aus diesem Grund könnte er möglicherweise zögern, seine eigenen Ideen und Gedankenlandschaften spontan anzufügen. Wenn man innerhalb eines festen Teams diese Methode jedoch häufiger anwendet, wird es den Teilnehmern sicher immer besser gelingen, auf der Basis „fremder" Gedankenlandschaften eigene Ideen zu entwickeln und gewinnbringend zu integrieren.

Auf einen Blick

- ➜ Setzen Sie sich mit den wichtigsten Kreativitätstechniken und -methoden auseinander!
- ➜ Dazu zählen Assoziations-Techniken wie Brainstorming und Brainwriting sowie Mapping-Techniken wie Mind-Mapping und Brainstorming-Mapping.
- ➜ Brainstorming und Brainwriting unterstützen den Ideenfluss; Mind-Mapping und Brainstorming-Mapping unterstützen die Strukturierung von Ideen und Einfällen!
- ➜ Die grundlegenden Prinzipien der einzelnen Techniken sollten sowohl alleine als auch im Team eingeübt werden!
- ➜ Testen Sie für sich selbst jede der vorgestellten Methoden.

Register